公路工程造价标准化管理丛书

广东省公路工程造价标准化管理指南

第二册　前期阶段造价标准文件

广东省交通运输厅　组织编写

人民交通出版社股份有限公司
北京

内 容 提 要

本指南对广东省公路建设项目造价标准化的组织管理、程序管理、质量管理、信用管理、档案管理、信息化建设和数据管理等内容作出了明确要求，规范了造价文件的编制依据、原则、要求、组成，统一了公路建设项目从投资估算到竣工决算的各类造价文件基本样式，明确了公路项目在建设各阶段的造价工作内容和管控重点。本指南是公路建设项目全过程标准化造价管理的集成性成果，为实现公路建设项目全过程造价规范化、数字化提供技术和管理基础。

本书是第二册，为前期阶段的造价标准文件，包括投资估算文件、设计概算文件、施工图预算文件、招标工程量清单文件、招标清单预算文件。

本指南是广东省公路工程建设造价管理、设计计价、咨询审价、施工算价的工作指南，供广东省交通运输行业主管部门、公路项目参建单位和参建人员使用，也可供公路建设从业者以及其他行业的造价人员参考。

图书在版编目(CIP)数据

广东省公路工程造价标准化管理指南. 第二册，前期阶段造价标准文件 / 广东省交通运输厅组织编写. — 北京 ：人民交通出版社股份有限公司，2023. 1

ISBN 978-7-114-18333-1

Ⅰ. ①广… Ⅱ. ①广… Ⅲ. ①道路工程—造价管理—标准化管理—广东—指南 Ⅳ. ①U415. 13-65

中国版本图书馆 CIP 数据核字(2022)第 211844 号

Guangdong Sheng Gonglu Gongcheng Zaojia Biaozhunhua Guanli Zhinan
Di-er Ce Qianqi Jieduan Zaojia Biaozhun Wenjian

书　　名：**广东省公路工程造价标准化管理指南　第二册　前期阶段造价标准文件**
著 作 者：广东省交通运输厅
责任编辑：朱明周
责任校对：赵媛媛
责任印制：张　凯
出版发行：人民交通出版社股份有限公司
地　　址：(100011) 北京市朝阳区安定门外外馆斜街 3 号
网　　址：http://www.ccpcl.com.cn
销售电话：(010) 59757973
总 经 销：人民交通出版社股份有限公司发行部
经　　销：各地新华书店
印　　刷：北京市密东印刷有限公司
开　　本：889 × 1194　1/16
印　　张：16
字　　数：348 千
版　　次：2023 年 1 月　第 1 版
印　　次：2023 年 1 月　第 1 次印刷
书　　号：ISBN 978-7-114-18333-1
定　　价：75.00 元

《广东省公路工程造价标准化管理指南》
编审委员会

主编单位： 广东省交通运输工程造价事务中心

参编单位： 众为工程咨询有限公司

珠海纵横创新软件有限公司

主　　审： 黄成造

审查人员： 张钱松　王　璜　管　培　汪　洁

蔚三艳　江　超　骆健庭　张　栋

张学龙　阙云龙　冯维健　陈潮锐

赖兆平　郑　双　陈琦辉

主　　编： 王燕平

副 主 编： 张　帆　易万中

参编人员： 郭卫民　肖梅峰　郑宇春　黄燕琴

吴　攸　石　陶　樊宏亮　曾星梅

陈成保　罗小兰　罗　燕　冯思远

姚　毅　杨　媛　谭玉堂　刘　飞

PREFACE 前　言

《交通强国建设纲要》明确提出，交通建设要坚持新发展理念，坚持推动高质量发展，坚持以供给侧结构性改革为主线，坚持以人民为中心的发展思想，推动交通发展由追求速度规模向更加注重质量效益转变。广东省作为交通强国建设试点省，在推进交通基础设施高质量发展、智慧交通建设等方面提出了更高的目标要求。为全面推进现代工程管理，推动公路建设项目全过程造价管理系统化、规范化、数字化，提升交通行业公路建设项目造价管理水平，进一步健全公路现代化管理体系，在广东省高速公路建设项目全面推行工程造价标准化管理多年经验成果的基础上，广东省交通运输厅组织广东省交通运输工程造价事务中心等单位编制完成了《广东省公路工程造价标准化管理指南》并于2022年12月30日发布施行。

本指南系在2011年《广东省高速公路建设标准化管理指南（工程造价标准化管理）（试行）》的基础上，调研广东省公路建设项目管理现状，结合现行和正在制（修）订的有关管理文件和标准规范，全面、系统总结10多年来广东省公路建设造价标准化管理方面的实践经验，经广泛征求意见后，多次修改、完善、提炼成稿。本指南以目标和问题为导向，秉承“依法管价，科学计价，合理定价，阳光造价”的管理理念，坚持管理与技术相结合，兼顾规范性、指导性、实用性和先进性，体现可复制、可借鉴、可推广的交通建设工程造价标准化管理需求，与广东省已发布的公路项目建设管理制度和计价标准配套使用。

本指南对公路建设项目造价标准化的组织管理、程序管理、质量管理、信用管理、档案管理、信息化建设和数据管理等内容作出了明确要求，与现行公路工程有关管理文件和标准规范实现有效衔接，规范了造价文件编制依据、原则、要求、组成，统一了公路建设项目从投资估算到竣工决算的各类造价文件的基本样式，明确了公路建设项目在各阶段的造价管理工作内容和工作重点，为实现公路建设项目全过程造价文件标准化、管理规范化、数据数字化提供技术遵循，助推广东省公路建设高质量发展。

本指南分三册。第一册为管理要求，由 10 章和 3 个附录组成，包含总则、术语、基本规定、造价文件体系、造价项目组成、项目建议书及可行性研究阶段造价管理、设计阶段造价管理、招投标阶段造价管理、施工阶段造价管理、竣（交）工阶段造价管理、附录 A 全过程造价文件报送及采集要求、附录 B 广东省公路工程全过程造价管理标准费用项目表、附录 C 广东省公路工程造价管理相关文件和标准发布情况表。第二册为前期阶段的造价标准文件，包括投资估算文件、设计概算文件、施工图预算文件、招标工程量清单文件及招标清单预算文件。第三册为实施阶段的造价标准文件，包括合同工程量清单文件、计量与支付文件、变更费用文件、造价管理台账、工程结算文件、竣工决算文件、造价执行情况报告。

本指南的管理权归属广东省交通运输厅，日常解释和管理工作由广东省交通运输工程造价事务中心负责。请各有关单位注意在实践中总结经验，及时将发现的问题和修改建议反馈至广东省交通运输工程造价事务中心（地址：广东省广州市越秀区白云路 27 号广东交通大厦，邮政编码：510101），以便修订时研用。

广东省交通运输厅

2023 年 1 月

CONTENTS 目 录

1

投资估算文件

1.1 编制文件

××公路工程可行性研究报告（项目建议书）投资估算

（K××+×××～K××+×××）

第　册　　共　册

编制单位：

编制时间：××××年××月××日

（封面）

××公路工程可行性研究报告（项目建议书）投资估算

（K×× + ××× ~ K×× + ×××）

第　册　　共　册

编 制 人：　　　（签字并盖章）

复 核 人：　　　（签字并盖章）

编制单位：　　　　（盖章）

编制时间：××××年××月××日

（扉页）

目　录

主要技术经济指标汇总表

建设项目名称：

编制范围：　　　　第　页　共　页　　　　**估总 00 表**

指标编码	指 标 名 称	单位	信息或工程量	费用（万元）	技术经济指标（单价）	各项费用比例（%）	备　注
Z-0	项目基本信息	公路公里		—	—	—	
Z-001	工程所在地	—		—	—	—	地级市行政地名
Z-002	地形类别	—		—	—	—	
Z-003	新建/改（扩）建	—		—	—	—	按立项确定的性质
Z-004	公路技术等级	—		—	—	—	
Z-005	设计速度	km/h		—	—	—	
Z-006	路面类型及结构层厚度	—		—	—	—	
Z-007	路基宽度	m		—	—	—	路基标准横断面宽度
Z-008	路线长度	公路公里		—	—	—	
Z-009	桥梁长度	km		—	—	—	
Z-010	隧道长度	km		—	—	—	
Z-011	桥隧比例	%		—	—	—	
Z-012	互通式立体交叉数量	km/处		—	—	—	
Z-013	支线、联络线长度	km		—	—	—	
Z-014	辅道、连接线长度	km		—	—	—	
1	建筑安装工程费	公路公里					
101	临时工程	公路公里					
102	路基工程	km					
10202	路基挖方	m^3					
10203	路基填方	m^3					
10205	特殊路基处理	km					
10206	排水工程	km					

主要技术经济指标汇总表

建设项目名称：
编制范围：　　　　　　　　　　　　　　第　页　共　页　　　　续上表

指标编码	指 标 名 称	单位	信息或工程量	费用（万元）	技术经济指标（单价）	各项费用比例（%）	备　注
10207	路基防护与加固工程	km					
103	路面工程	km					
10301	沥青混凝土路面	m^2					
10302	水泥混凝土路面	m^2					
104	桥梁涵洞工程	km					
10401	涵洞工程	m/道					
10402	小桥工程	m/座					
10403	中桥工程	m/座					
10404	大桥工程	m/座					
10405	特大桥工程	m/座					
105	隧道工程	km/座					
10501	连拱隧道	km/座					
10502	小净距隧道	km/座					
10503	分离式隧道	km/座					
10504	下沉式隧道	km/座					
10505	沉管隧道	km/座					
10506	盾构隧道	km/座					
10507	其他形式隧道	km/座					
106	交叉工程	处					
10601	平面交叉	处					
10602	通道	m/处					
10603	天桥	m/座					
10605	分离式立体交叉	km/处					
10606	互通式立体交叉	km/处					

主要技术经济指标汇总表

建设项目名称：

编制范围：　　　　第　页　共　页　　续上表

指标编码	指 标 名 称	单位	信息或工程量	费用（万元）	技术经济指标（单价）	各项费用比例（%）	备　注
10606-1	主线路基工程	km					
10606-2	主线路面工程	km					
10606-3	互通主线桥	m/座					
10606-4	匝道路基工程	km					
10606-5	匝道路面工程	km					
10606-6	匝道桥	m/座					
107	交通工程及沿线设施	公路公里					
10701	交通安全设施	公路公里					
10702	收费系统	车道/处					
10703	监控系统	公路公里					
10704	通信系统	公路公里					
10705	隧道机电工程	km/座					
10706	供电及照明系统	km					
10707	管理、养护、服务房建工程	m^2/处					
108	绿化及环境保护工程	公路公里					
109	其他工程	公路公里					
10901	联络线、支线工程	km/处					
10902	连接线工程	km/处					
10903	辅道工程	km/处					
10904	改路工程	km/处					
10905	改河、改沟、改渠	m/处					
110	专项费用	万元					
2	土地使用及拆迁补偿费	公路公里					
201	土地使用费	亩					
20101	永久征用土地	亩					

主要技术经济指标汇总表

建设项目名称：

编制范围：　　　　　　第　页　共　页　　　续上表

指标编码	指 标 名 称	单位	信息或工程量	费用（万元）	技术经济指标（单价）	各项费用比例（%）	备　注
20102	临时用地	亩					
20103	水田占补平衡费	亩					
20104	耕地占补平衡费	亩					
202	拆迁补偿费	公路公里					
203	其他补偿费	公路公里					
3	工程建设其他费	公路公里					
301	建设项目管理费	公路公里					
302	研究试验费	公路公里					
303	建设项目前期工作费	公路公里					
304	专项评价（估）费	公路公里					
307	工程保通管理费	公路公里					
4	预备费	公路公里					
6	建设期贷款利息	公路公里					
7	公路基本造价	公路公里					
Z-7	项目主材消耗						
Z-701	人工	工日					
Z-702	钢材	t					
Z-703	水泥	t					
Z-704	沥青	t					
Z-705	砂	m^3					
Z-706	石料	m^3					
Z-707	汽油	kg					
Z-708	柴油	kg					
Z-709	重油	kg					
Z-710	电	kW·h					

编制：　　　　　　复核：

总估算汇总表

建设项目名称：　　　　　　　　　　　　　　　　　　　第　页　共　页　　　　估总01表

工程或费用编码	工程或费用名称	单位	总数量										总金额（元）	全路段技术经济指标	各项费用比例（%）
				数量	金额（元）	技术经济指标	数量	金额（元）	技术经济指标	数量	金额（元）	技术经济指标			

填表说明：

1. 一个建设项目分若干单项工程编制投资估算时，应通过本表汇总全部建设项目投资估算金额。
2. 本表反映一个建设项目的各项费用组成、投资估算总值和技术经济指标。
3. 本表工程或费用编码、工程或费用名称、单位、总数量、投资估算金额应由各单项或单位工程总估算表（估01表）转来，并满足《广东省公路工程全过程造价管理标准费用项目表》的要求。
4. “全路段技术经济指标”以各投资估算金额汇总合计除以相应总数量计算；“各项费用比例”以汇总的各项目投资估算金额合计除以公路基本造价合计计算。

编制：　　　　　　　　　　　　　　　　　　　　　　　　复核：

标准费用项目前后阶段对比表

建设项目名称：　　　　　　　　　　第　页　共　页　　　　估总比 01 表

工程或费用编码	工程或费用名称	单位	本阶段工可估算			上阶段工可估算			费用变化		备注
			数量	单价	金额	数量	单价	金额	金额	比例（%）	
1	2	3	4	5 = 6 ÷ 4	6	7	8 = 9 ÷ 7	9	10 = 6 − 9	11 = 10 ÷ 9	12

填表说明：
1. 本表反映一个建设项目的前后阶段各项费用组成。
2. 本阶段和上阶段费用均从各阶段估总 01 表转入。

编制：　　　　　　　　　　　　　　　　　　　　复核：

人工、材料、设备、机械的数量、单价汇总表

建设项目名称：　　　　　　　　　　　　　　　　　　　　第　页　共　页　　　　估总02表

序号	编码	名　称	单位	单价（元）	总数量	编制范围								备注（规格）

编制：　　　　　　　　　　　　　　　　　　　　　　　　复核：

主要技术经济指标表

建设项目名称：

编制范围：　　　　　　　　第　页　共　页　　　　估 00 表

指标编码	指标名称	单位	信息或工程量	费用（万元）	技术经济指标（单价）	各项费用比例（%）	备注
Z-0	项目基本信息	公路公里		—	—	—	
Z-001	工程所在地	—		—	—	—	地级市行政地名
Z-002	地形类别	—		—	—	—	
Z-003	新建/改（扩）建	—		—	—	—	按立项确定的性质
Z-004	公路技术等级	—		—	—	—	
Z-005	设计速度	km/h		—	—	—	
Z-006	路面类型及结构层厚度	—		—	—	—	
Z-007	路基宽度	m		—	—	—	路基标准横断面宽度
Z-008	路线长度	公路公里		—	—	—	
Z-009	桥梁长度	km		—	—	—	
Z-010	隧道长度	km		—	—	—	
Z-011	桥隧比例	%		—	—	—	
Z-012	互通式立体交叉数量	km/处		—	—	—	
Z-013	支线、联络线长度	km		—	—	—	
Z-014	辅道、连接线长度	km		—	—	—	
1	建筑安装工程费	公路公里					
101	临时工程	公路公里					
102	路基工程	km					
10202	路基挖方	m^3					
10203	路基填方	m^3					
10205	特殊路基处理	km					

主要技术经济指标表

建设项目名称：

编制范围：　　　　　　　　第　页　共　页　　　　续上表

指标编码	指标名称	单位	信息或工程量	费用（万元）	技术经济指标（单价）	各项费用比例（%）	备　注
10206	排水工程	km					
10207	路基防护与加固工程	km					
103	路面工程	km					
10301	沥青混凝土路面	m^2					
10302	水泥混凝土路面	m^2					
104	桥梁涵洞工程	km					
10401	涵洞工程	m/道					
10402	小桥工程	m/座					
10403	中桥工程	m/座					
10404	大桥工程	m/座					
10405	特大桥工程	m/座					
105	隧道工程	km/座					
10501	连拱隧道	km/座					
10502	小净距隧道	km/座					
10503	分离式隧道	km/座					
10504	下沉式隧道	km/座					
10505	沉管隧道	km/座					
10506	盾构隧道	km/座					
10507	其他形式隧道	km/座					
106	交叉工程	处					
10601	平面交叉	处					
10602	通道	m/处					
10603	天桥	m/座					
10605	分离式立体交叉	km/处					
10606	互通式立体交叉	km/处					

主要技术经济指标表

建设项目名称：

编制范围：

第　页　共　页　　　续上表

指标编码	指标名称	单位	信息或工程量	费用（万元）	技术经济指标（单价）	各项费用比例（%）	备注
10606-1	主线路基工程	km					
10606-2	主线路面工程	km					
10606-3	互通主线桥	m/座					
10606-4	匝道路基工程	km					
10606-5	匝道路面工程	km					
10606-6	匝道桥	m/座					
107	交通工程及沿线设施	公路公里					
10701	交通安全设施	公路公里					
10702	收费系统	车道/处					
10703	监控系统	公路公里					
10704	通信系统	公路公里					
10705	隧道机电工程	km/座					
10706	供电及照明系统	km					
10707	管理、养护、服务房建工程	m^2/处					
108	绿化及环境保护工程	公路公里					
109	其他工程	公路公里					
10901	联络线、支线工程	km/处					
10902	连接线工程	km/处					
10903	辅道工程	km/处					
10904	改路工程	km/处					
10905	改河、改沟、改渠	m/处					
110	专项费用	万元					
2	土地使用及拆迁补偿费	公路公里					
201	土地使用费	亩					
20101	永久征用土地	亩					

主要技术经济指标表

建设项目名称：

编制范围：　　　　　　　　　　　　第　页　共　页　　　　续上表

指标编码	指标名称	单位	信息或工程量	费用（万元）	技术经济指标（单价）	各项费用比例（%）	备注
20102	临时用地	亩					
20103	水田占补平衡费	亩					
20104	耕地占补平衡费	亩					
202	拆迁补偿费	公路公里					
203	其他补偿费	公路公里					
3	工程建设其他费	公路公里					
301	建设项目管理费	公路公里					
302	研究试验费	公路公里					
303	建设项目前期工作费	公路公里					
304	专项评价（估）费	公路公里					
307	工程保通管理费	公路公里					
4	预备费	公路公里					
6	建设期贷款利息	公路公里					
7	公路基本造价	公路公里					
Z-7	项目主材消耗						
Z-701	人工	工日					
Z-702	钢材	t					
Z-703	水泥	t					
Z-704	沥青	t					
Z-705	砂	m^3					
Z-706	石料	m^3					
Z-707	汽油	kg					
Z-708	柴油	kg					
Z-709	重油	kg					
Z-710	电	kW·h					

编制：　　　　　　　　　　　　　　复核：

总估算表

建设项目名称：

编制范围：

第　页　共　页　　　　**估 01 表**

工程或费用编码	工程或费用名称	单　位	数　量	金额（元）	技术经济指标	各项费用比例（%）	备　注

填表说明：

1. 本表反映一个单项或单位工程的各项费用组成、投资估算金额、技术经济指标、各项费用比例（%）等。
2. 本表“工程或费用编码”“工程或费用名称”“单位”等应按《广东省公路工程全过程造价管理标准费用项目表》的编号及内容填写。
3. “数量”“金额”由建筑安装工程费计算表（估 03 表）、专项费用计算表（估 06 表）、土地使用及征拆补偿费计算表（估 07 表）、工程建设其他费计算表（估 08 表）转来。
4. “技术经济指标”以各项目金额除以相应数量计算；“各项费用比例”以各项金额除以公路基本造价计算。

编制：　　　　　　　　　　复核：

人工、材料、设备、机械的数量、单价表

建设项目名称：
编制范围：　　　　　　　　　　　　　　　　　第　页　共　页　　　　估 02 表

序号	编码	名　称	单位	单价（元）	总数量	分项统计						场外运输损耗		备注（规格）
												%	数量	

编制：　　　　　　　　　　　　　　　　　　　　　　　　复核：

建筑安装工程费计算表

建设项目名称：

编制范围：　　　　　　　　　　　　　　　　　　第　页　共　页　　　　**估 03 表**

序号	工程或费用编码	工程或费用名称	单位	工程量	定额直接费（元）	定额设备购置费（元）	直接费（元）				设备购置费	措施费	企业管理费	规费	利润（元）	税金（元）	金额合计（元）	
							人工费	材料费	施工机械使用费	合计					费率（%）	税率（%）	合计	单价
1	2	3	4	5	6	7	8	9	10	11	12	13	14	15	16	17	18	19
合计																		

填表说明：

1. 本表各栏数据由估 05 表、估 06 表、估 21-2 表经计算转来。
2. 本表中除列出具体分项外，还应列出子项（如临时工程、路基工程、路面工程……），并对子项下的具体分项的费用进行汇总。
3. “工程或费用编码”“工程或费用名称”“单位”应按本指南附录 B 中估算列的编号及内容填写。

编制：　　　　　　　　　　　　　　　　　　　　　　复核：

综合费率计算表

建设项目名称：

编制范围：　　　　　　　　　　　　　　　　　　第　页　共　页　　　**估 04 表**

序号	工程类别	措施费（%）											企业管理费（%）						规费（%）					
		冬季施工增加费	雨季施工增加费	夜间施工增加费	高原地区施工增加费	风沙地区施工增加费	沿海地区施工增加费	行车干扰施工增加费	施工辅助费	工地转移费	综合费率		基本费用	主副食运费补贴	职工探亲路费	职工取暖补贴	财务费用	综合费率	养老保险费	失业保险费	医疗保险费	工伤保险费	住房公积金	综合费率
											Ⅰ	Ⅱ												
1	2	3	4	5	6	7	8	9	10	11	12	13	14	15	16	17	18	19	20	21	22	23	24	25

填表说明：

本表应根据建设项目具体情况，按现行《公路工程建设项目投资估算编制办法》（JTG 3820）的有关规定填入数据计算。

其中：12 = 3 + 4 + 5 + 6 + 7 + 8 + 9 + 11；13 = 10；19 = 14 + 15 + 16 + 17 + 18；25 = 20 + 21 + 22 + 23 + 24。

编制：　　　　　　　　　　　　　　　　　　复核：

综合费计算表

建设项目名称：

编制范围：　　　　　　　　　　　　第　页　共　页　　　　估 04-1 表

序号	工程名称	措施费											企业管理费						规费					
		冬季施工增加费	雨季施工增加费	夜间施工增加费	高原地区施工增加费	风沙地区施工增加费	沿海地区施工增加费	行车干扰施工增加费	施工辅助费	工地转移费	综合费用		基本费用	主副食运费补贴	职工探亲路费	职工取暖补贴	财务费用	综合费用	养老保险费	失业保险费	医疗保险费	工伤保险费	住房公积金	综合费用
											Ⅰ	Ⅱ												
1	2	3	4	5	6	7	8	9	10	11	12	13	14	15	16	17	18	19	20	21	22	23	24	25

填表说明：

本表应根据建设项目具体分项工程，按现行《公路工程建设项目投资估算编制办法》（JTG 3820）规定的计算方法分别计算各项费用。

其中：12 = 3 + 4 + 5 + 6 + 7 + 8 + 9 + 11；13 = 10；19 = 14 + 15 + 16 + 17 + 18；25 = 20 + 21 + 22 + 23 + 24。

编制：　　　　　　　　　　　　复核：

设 备 费 计 算 表

建设项目名称：

编制范围：　　　　　　　　　　　　　　　　　　第　页　共　页　　　　**估 05 表**

序号	编码	设备名称	规格型号	单位	数量	基价	定额设备购置费（元）	单价（元）	设备购置费（元）	税金（元）	定额设备费（元）	设备费（元）
合计												

填表说明：

本表应根据具体的设备购置清单进行计算，包括设备规格、单位、数量、设备基价、定额设备购置费、设备预算单价、税金以及定额设备费和设备费；或按现行《公路工程建设项目投资估算编制办法》（JTG 3820）附录的费率或现行《公路工程估算指标》（JTG/T 3821）附录的参考值计算。设备购置费不计取措施费及企业管理费。

编制：　　　　　　　　　　　　　　　　　　　　复核：

专项费用计算表

建设项目名称：

编制范围：　　　　　　　　　　　　　　　　　　第　页　共　页　　　　估 06 表

序号	编码	工程或费用名称	说明及计算式	金额（元）	备　注

填表说明：

本表应依据项目按现行《公路工程建设项目投资估算编制办法》（JTG 3820）规定的专项费用项目填写，在说明及计算式栏内填写需要说明内容及计算式。

编制：　　　　　　　　　　　　　　　　　　　　复核：

土地使用及拆迁补偿费计算表

建设项目名称：

编制范围：　　　　　　　　　　　　第　页　共　页　　　　**估 07 表**

序号	编码	费用名称	单　位	数　量	单价（元）	金额（元）	说明及计算式	备　注

填表说明：

本表按规定填写单位、数量、单价和金额；说明及计算式栏内应注明标准及计算式；子项下边有分项的，可以按顺序依次往下编码。

编制：　　　　　　　　　　　　复核：

土地使用费计算表

建设项目名称：　　　　行政区域名称：　　　　编制范围：　　　　第　页　共　页　　　　估 07-1 表

序号	工程或费用编码	地类	面积	土地补偿和安置补助费	青苗补偿费	征地税费			被征地农民养老保险	留用地折算货币补偿			委托地方政府包干经费	其他	综合指标	费用
						耕地占用税	耕地开垦费	森林植被恢复费		留用地面积比例	工业用地基准价	留用地费		……		
			（亩）	（万元/亩）	（万元/亩）	（万元/亩）	（万元/亩）	（万元/亩）	（万元/亩）	（%）	（元/m^2）	（万元/亩）	（万元/亩）	（万元/亩）	（万元/亩）	（万元）
1	2	3	4	5	6	7	8	9	10	11	12	13 = 11 × 12 × 666.67 ÷ 10000	14	15	16 = 5 + 6 + 7 + 8 + 9 + 10 + 13 + 14 + 15	17 = 4 × 16
1	201	土地使用费														
2	20101	永久征用土地														
3	2010101	耕地														
3.1	201010101	水田														
3.2	201010102	水浇地														
3.3	201010103	旱地														
4	2010102	园地														
5	2010103	林地														
6	2010104	草地														
7	2010105	湿地														
8	2010106	农业设施建设用地														
9	2010107	居住用地														
10	2010108	商业服务业用地														
合计																

填表说明：

本表适用于永久征用土地使用费的计算，地类划分与实际分项不同时可根据《国土空间调查、规划、用途管制用地用海分类指南（试行）》（自然资办发〔2020〕51 号）分类进行调整或细化，表内各项费用计列的依据文件及备注如下：

1. 征地补偿费（土地补偿和安置补助费）：……
2. 青苗补偿费：……
3. 耕地占用税：……
4. 耕地开垦费：……
5. 森林植被恢复费：……
6. 被征地农民养老保险：……
7. 留用地折算货币补偿：……
8. 委托地方政府包干经费：……
9. 其他：……

编制：　　　　复核：

工程建设其他费计算表

建设项目名称：

编制范围：　　　　　　　　　　　　　　　　第　页　共　页　　　　估 08 表

序号	编码	费用名称及项目	说明及计算式	金额（元）	备　注

填表说明：

本表应按具体发生的其他费用项目填写，需要说明和具体计算的费用项目依次相应在说明及计算式栏内填写或具体计算，各项费用具体填写如下：

1. 建设项目管理费包括建设单位（业主）管理费、建设项目信息化费、工程监理费、设计文件审查费、竣（交）工验收试验检测费，按现行《公路工程建设项目投资估算编制办法》（JTG 3820）规定的计算基数、费率、方法或有关规定列式计算。
2. 研究试验费应根据设计需要进行研究试验的项目分别填写项目名称及金额，或列式计算，或进行说明。
3. 建设项目前期工作费按现行《公路工程建设项目投资估算编制办法》（JTG 3820）规定的计算基数、费率、方法计算。
4. 专项评价（估）费、联合试运转费、生产准备费、工程保通管理费、工程保险费、预备费、建设期贷款利息等其他费用根据现行《公路工程建设项目投资估算编制办法》（JTG 3820）规定或国家有关规定依次类推计算。

编制：　　　　　　　　　　　　　　　　复核：

分项工程估算计算数据表

建设项目名称：

编制范围：　　　　标准定额库版本号：　　　　校验码：　　　　第　页　共　页　　　　**估 21-1 表**

工程或费用编码/指标代号/工料机代号	项目、指标或工料机的名称	单位	数量	输入单价	输入金额	分项组价类型或指标子目取费类别	指标调整情况或分项算式

填表说明：

1. 本表应逐行从左到右横向跨栏填写。
2. “工程或费用编码”“定额代号”“工料机代号”等的代号应根据实际需要按《广东省公路工程全过程造价管理标准费用项目表》及现行《公路工程估算指标》（JTG/T 3821）的相关内容填写。
3. 本表主要是为利用计算机软件编制投资估算提供分项组价基础数据，列明工程项目全部计算分项的组价参数；分项组价类型包括输入单价、输入金额、算式列表、费用列表和定额组价五类；指标调整情况分配合比调整、钢筋调整、抽换、乘系数、综合调整等，非标准补充定额列出其工料机及其消耗量；具体填表规则由软件用户手册详细规定。
4. 标准定额库版本号由公路工程造价依据信息平台和最新的标准定额库一起发布，造价软件接收后直接输出。
5. 校验码对由定额库版本号加密生成，由公路造价依据信息平台与定额库版本号同时发布，造价软件直接输出。为便于校验，造价软件可以条形码形式输出。

编制：　　　　　　　　复核：

分项工程估算表

编制范围：

分项编号：　　工程名称：　　单位：　　数量：　　单价：　　第　页　共　页　　估 21-2 表

编号	工程项目												合计	
	工程细目													
	定额单位													
	工程数量													
	定额表号													
	工、料、机名称	单位	单价(元)	定额	数量	金额(元)	定额	数量	金额(元)	定额	数量	金额(元)	数量	金额(元)
1	人工	工日												
2	……													
	直接费	元												
	措施费 I	元			%			%			%			
	措施费 Ⅱ	元			%			%			%			
	企业管理费	元			%			%			%			
	规费	元			%			%			%			
	利润	元			%			%			%			
	税金	元			%			%			%			
金额合计		元												

填表说明：
1. 本表按具体分项工程项目数量、对应估算指标子目填写，单价由估 02 表转来，金额 = ∑（工、料、机各项的单价 × 定额 × 数量）。
2. 措施费、企业管理费按相应项目的定额人工费与定额施工机械使用费之和或定额直接费 × 规定费率计算。
3. 规费按相应项目的人工费 × 规定费率计算。
4. 利润按相应项目的（定额直接费 + 措施费 + 企业管理费） × 利润率计算。
5. 税金按相应项目的（直接费 + 措施费 + 企业管理费 + 规费 + 利润） × 税率计算。
6. 措施费、企业管理费、规费、利润、税金对应定额列填入相应的计算基数，数量列填入相应的费率。

编制：　　　　复核：

材料预算单价计算表

建设项目名称：

编制范围：　　　　　　　　　　　　　　　　　　　第　页　共　页　　　　估22表

代号	规格名称	单位	原价（元）	运杂费					原价运费合计（元）	场外运输损耗		采购及保管费		预算单价（元）
				供应地点	运输方式、比重及运距	毛质量系数或单位毛质量	运杂费构成说明或计算式	单位运费（元）		费率（%）	金额（元）	费率（%）	金额（元）	

填表说明：
1. 本表计算各种材料的预算单价，包括自供应地点或料场至工地的全部运杂费、材料原价及其他费用。
2. 运输方式按火车、汽车、船舶等及所占运输比重填写。
3. 毛质量系数、场外运输损耗、采购及保管费按规定填写。
4. 根据材料供应地点、运输方式、运输单价、毛质量系数等，通过运杂费构成说明或计算式，计算得出材料单位运费。
5. 材料原价与单位运费、场外运输损耗、采购及保管费组成材料预算单价。

编制：　　　　　　　　　　　　　　　　　　　　复核：

自采材料料场价格计算表

编制范围：

自采材料名称：　　　　单位：　　　　数量：　　　　料场价格：　　　　第　页　共　页　　　　估 23-1 表

编号	工程项目												合　计	
	工程细目													
	定额单位													
	工程数量													
	定额表号													
	工、料、机名称	单位	单价(元)	定额	数量	金额(元)	定额	数量	金额(元)	定额	数量	金额(元)	数量	金额(元)
	直接费	元												
	辅助生产间接费	元			%			%			%			
	高原取费	元			%			%			%			
金额合计		元												

填表说明：

1. 本表主要用于分析计算自采材料料场价格，应将选用的定额人工、材料、施工机械台班数量全部列出，包括相应的工、料、机单价。
2. 材料规格用途相同而生产方式（如人工捶碎石、机械轧碎石）不同时，应分别计算单价，再以各种生产方式所占比重根据合计价格加权平均计算料场价格。
3. 定额中施工机械台班有调整系数时，应在本表内计算。
4. 辅助生产间接费、高原取费对应定额列填入相应的计算基数，数量列填入相应的费率。

编制：　　　　　　　　　　　　　　　　复核：

材料自办运输单位运费计算表

编制范围：

自采材料名称：　　　　单位：　　　　数量：　　　　单位运费：　　　　第　页　共　页　　　　估 23-2 表

编号	工程项目												合计	
	工程细目													
	定额单位													
	工程数量													
	定额表号													
	工、料、机名称	单位	单价(元)	定额	数量	金额(元)	定额	数量	金额(元)	定额	数量	金额(元)	数量	金额(元)
	直接费	元												
	辅助生产间接费	元			%			%			%			
	高原取费	元			%			%			%			
金额合计		元												

填表说明：

1. 本表主要用于分析计算材料自办运输单位运费，应将选用的定额人工、材料、施工机械台班数量全部列出，包括相应的工、料、机单价。
2. 材料运输地点或运输方式不同时，应分别计算单价，再按所占比重加权平均计算材料运输价格。
3. 定额中施工机械台班有调整系数时，应在本表内计算。
4. 辅助生产间接费、高原取费对应定额列填入相应的计算基数，数量列填入相应的费率。

编制：　　　　　　　　　　　　　　　　　　复核：

施工机械台班单价计算表

建设项目名称：

编制范围：　　　　　　　　　　　　　　　　　　　　　　　　第　页　共　页　　　　**估 24 表**

序号	代号	规格名称	台班单价（元）	不变费用(元)		可变费用(元)																	
				调整系数：		人工：		汽油：		柴油：		重油：		煤：		电：		水：		木柴：		车船税	合计
						（元/工日）		（元/kg）		（元/kg）		（元/kg）		（元/t）		[元/（kW·h）]		（元/m^3）		（元/kg）			
				定额	调整值	定额	金额	定额	金额	定额	金额	定额	金额	定额	金额	定额	金额	定额	金额	定额	金额		

填表说明：

1. 本表应根据现行《公路工程机械台班费用定额》（JTG/T 3833）进行计算。不变费用如有调整系数应填入调整值；可变费用各栏填入定额数量。
2. 人工、动力燃料的单价由材料预算单价计算表（估 22 表）中转来。

编制：　　　　　　　　　　　　　　　　　　　　　　　　　　复核：

辅助生产人工、材料、施工机械台班单位数量表

建设项目名称：

编制范围：　　　　　　　　　　第　页　共　页　　　　估 25 表

序号	规格名称	单位	人工（工日）						

填表说明：

本表各栏数据由自采材料料场价格计算表（估 23-1 表）和材料自办运输单位运费计算表（估 23-2 表）统计而来。

编制：　　　　　　　　　　复核：

主要技术标准及工程规模统计表

建设项目名称：　　　　　　　　　　　　　　　　估辅01表

序号	名　　称	单　　位	信息或工程量				
一	项目基本信息	公路公里					
1	工程所在地						
2	地形类别						
3	新建/改(扩)建						
4	公路技术等级	级					
5	设计速度	km/h					
6	路面类型及结构层厚度(水泥/沥青)	cm					
7	路基宽度	m					
8	路线长度	公路公里					
9	桥梁长度	km					
10	隧道长度	km					
11	桥隧比例	%					
12	互通式立体交叉数量	km/处					
13	支线、联络线长度	km					
14	辅道、连接线长度	km					
二	分段		××段	××段	××段	……	合计
1	起讫桩号		填表说明：				
2	路线长度(km)		1. 路基挖方包括路基挖土石方、非适用材料及淤泥的开挖等。路基填方包括路基土石方填筑、结构物台背回填等。				
3	桥隧比(%)		2. 桥隧比 = 主线桥隧长度/主线长度(含互通主线)。				

主要技术标准及工程规模统计表

建设项目名称：

续上表

<table>
<tr><th>序号</th><th colspan="2">名　称</th><th>单　位</th><th colspan="5">信息或工程量</th></tr>
<tr><td>二</td><td colspan="3">分段</td><td>××段</td><td>××段</td><td>××段</td><td>……</td><td>合计</td></tr>
<tr><td>4</td><td rowspan="7">路基工程</td><td>路基长度</td><td>km</td><td></td><td></td><td></td><td></td><td></td></tr>
<tr><td>5</td><td>路基宽度</td><td>m</td><td></td><td></td><td></td><td></td><td></td></tr>
<tr><td>6</td><td>路基挖方</td><td>m^3</td><td></td><td></td><td></td><td></td><td></td></tr>
<tr><td>7</td><td>路基填方</td><td>m^3</td><td></td><td></td><td></td><td></td><td></td></tr>
<tr><td>8</td><td>排水圬工</td><td>m^3</td><td></td><td></td><td></td><td></td><td></td></tr>
<tr><td>9</td><td>防护圬工</td><td>m^3</td><td></td><td></td><td></td><td></td><td></td></tr>
<tr><td>10</td><td>特殊路基处理</td><td>km</td><td></td><td></td><td></td><td></td><td></td></tr>
<tr><td>11</td><td rowspan="2">路面工程</td><td>水泥混凝土路面</td><td>m^2</td><td></td><td></td><td></td><td></td><td></td></tr>
<tr><td>12</td><td>沥青混凝土路面</td><td>m^2</td><td></td><td></td><td></td><td></td><td></td></tr>
<tr><td>13</td><td rowspan="4">桥涵工程</td><td>涵洞</td><td>m/座</td><td></td><td></td><td></td><td></td><td></td></tr>
<tr><td>14</td><td>中小桥</td><td>m/座</td><td></td><td></td><td></td><td></td><td></td></tr>
<tr><td>15</td><td>大桥</td><td>m/座</td><td></td><td></td><td></td><td></td><td></td></tr>
<tr><td>16</td><td>特大桥</td><td>m/座</td><td></td><td></td><td></td><td></td><td></td></tr>
<tr><td>17</td><td rowspan="4">隧道工程</td><td>小净距隧道</td><td>km/座</td><td></td><td></td><td></td><td></td><td></td></tr>
<tr><td>18</td><td>分离式隧道</td><td>km/座</td><td></td><td></td><td></td><td></td><td></td></tr>
<tr><td>19</td><td>连拱隧道</td><td>km/座</td><td></td><td></td><td></td><td></td><td></td></tr>
<tr><td>20</td><td>其他隧道</td><td>km/座</td><td></td><td></td><td></td><td></td><td></td></tr>
<tr><td>21</td><td rowspan="5">交叉工程</td><td>平面交叉</td><td>处</td><td></td><td></td><td></td><td></td><td></td></tr>
<tr><td>22</td><td>通道</td><td>m/处</td><td></td><td></td><td></td><td></td><td></td></tr>
<tr><td>23</td><td>人行天桥</td><td>m/座</td><td></td><td></td><td></td><td></td><td></td></tr>
<tr><td>24</td><td>渡槽</td><td>m/处</td><td></td><td></td><td></td><td></td><td></td></tr>
<tr><td>25</td><td>分离式立交</td><td>km/处</td><td></td><td></td><td></td><td></td><td></td></tr>
</table>

主要技术标准及工程规模统计表

建设项目名称：

续上表

序号	名称				单位	信息或工程量				
二	分段					××段	××段	××段	……	合计
26	交叉工程	互通立交	处数		处					
27			主线	主线长度	km					
28				路基挖方	m^3					
29				路基填方	m^3					
30				排水圬工	m^3					
31				防护圬工	m^3					
32				特殊路基处理	km					
33				水泥混凝土路面	m^2					
34				沥青混凝土路面	m^2					
35				涵洞	m/座					
36				通道	m/处					
37				中小桥	m/座					
38				大桥	m/座					
39				特大桥	m/座					
40			匝道	匝道长度	km					
41				路基挖方	m^3					
42				路基填方	m^3					
43				排水圬工	m^3					
44				防护圬工	m^3					
45				特殊路基处理	km					
46				水泥混凝土路面	m^2					
47				沥青混凝土路面	m^2					

主要技术标准及工程规模统计表

建设项目名称：

续上表

序号	名称				单位	信息或工程量				
二	分段					××段	××段	××段	……	合计
48	交叉工程	互通立交	匝道	涵洞	m/座					
49				通道	m/处					
50				中小桥	m/座					
51				大桥	m/座					
52				特大桥	m/座					
53	交通工程		交通安全设施		公路公里					
54			机电设备及安装工程		公路公里					
55			管理养护服务房屋工程	管理中心	处/m^2					
56				养护工区	处/m^2					
57				服务区	处/m^2					
58				停车区	处/m^2					
59				收费站	处/m^2					
60				……						
61				合计	m^2					
62			绿化及环境保护工程		公路公里					
63	其他工程		联络线、支线工程		km/处					
64			连接线工程		km/处					
65			辅道工程		km/处					
	……									

编制：　　　　　　　　　　　　　　　　　　复核：

1.2 审核文件

××公路工程可行性研究报告（项目建议书）投资估算审核文件

（K×× + ××× ~ K×× + ×××）

审核单位：

审核时间：××××年××月××日

（封面）

××公路工程可行性研究报告（项目建议书）投资估算审核文件

（K×× + ××× ~ K×× + ×××）

审 核 人：　　　（签字并盖章）

复 核 人：　　　（签字并盖章）

审核单位：　　　　（盖章）

审核时间：××××年××月××日

（扉页）

目　录

××公路工程投资估算审核意见

20××年××月，编制单位××公司完成××公路工程（以下简称“项目”）可行性研究报告。20××年××月，广东省交通运输厅主持召开评审会，形成并印发《广东省交通运输厅关于印发××工程可行性研究报告评审意见的通知》（粤交规函〔20××〕××号，以下简称“工可评审意见”）。20××年××月，编制单位根据工可评审意见修编完成项目工可报告（修编）。

根据交通运输部《公路工程建设项目投资估算编制办法》（JTG 3820—2018）和广东省交通运输厅有关造价管理的补充规定，结合工可评审意见、×××工可报告的推荐方案及工程数量，对项目投资估算进行了审核，意见如下。

一、路线走向及路线方案

（一）路线走向

路线起于××，××接××高速公路，经××镇、××，终于××，接在建××高速公路。

（二）路线方案

按工可报告，按推荐（C）线方案对投资估算进行审查。

二、技术标准和建设规模

（一）技术标准

采用双向四车道高速公路技术标准，主要技术指标如下：

1. 设计速度：××km/h。
2. 桥涵设计汽车荷载等级：公路—I 级。
3. 设计洪水频率：特大桥 1/300，其余路基桥涵 1/100。
4. 路基宽度：××m。
5. 桥涵宽度：整体式路基桥梁总宽度为××m，分离式路基桥梁总宽度为××m。
6. 隧道净宽：××m。
7. 地震动峰值加速度：××g。

（二）建设规模

项目路线全长××km，其中：

1. 路基长度约××km（扣除主线桥隧长度），桥隧比××%。

2. 桥涵工程：桥梁××m/××座（含互通立交主线跨线桥、主线上跨分离式立交桥），桥梁比例××%。涵洞××m/××道，平均每公里路基长度××道。

3. 交叉工程：互通立交××处，通道××m/××处，天桥××m/××座。

4. 隧道工程：××m/××座（双洞平均计），隧道比例××%。

5. 建设用地：永久占用土地××亩（其中水田××亩，不含公路用地和河流水面××亩，含改路改沟××亩）。平均每公里用地××亩。临时用地××亩。

6. 管理服务设施：管理分中心××处，服务区××处，停车区××处，养护工区××处，匝道收费站××处（收费车道××条）。

三、工程主要方案及主要工程数量

（一）路基工程

1. 路幅布置方案

××路段（长约××km）整体式路基宽度为××m，横断面布置为：中央分隔带宽××m，左侧路缘带宽××m，行车道宽××m，硬路肩宽××m（含右侧路缘带宽××m），土路肩宽××m。

××路段（长约××km）整体式路基宽度为××m，横断面布置为：中央分隔带宽××m，左侧路缘带宽××m，行车道宽××m，硬路肩宽××m（含右侧路缘带宽××m），土路肩宽××m。

2. 特殊路基

主要为软土路基，主要采用××方案。

3. 排水防护工程

排水工程主要采用××方案。一般边坡采用××方式进行边坡加固。

（二）路面工程

1. 主线及互通立交匝道、连接线采用沥青混凝土路面结构：××（××+××+××）cm厚沥青混凝土面层（上面层采用××，中面层采用××）+××cm厚水泥稳定碎石基层+××cm厚水泥稳定碎石底基层+××cm厚级配碎石垫层。

2. 收费广场及服务区内道路采用水泥混凝土路面结构：××cm（服务区内道路××cm）厚水泥混凝土面层+××cm厚水泥稳定碎石基层+××cm厚水泥稳定碎石底基层+××cm（服务区内道路××cm）厚级配碎石垫层。

3. 桥面铺装：主线桥及互通立交匝道桥采用××（×+×）cm厚沥青混凝土（上面层采用××，中面层采用××）。

（三）桥涵工程（不含互通立交主线桥梁）

全线设桥梁××m/××座，其中：特大桥××m/××座，大桥××m/××座，中桥××m/×座，涵洞××m/××道。主要桥型方案如下（以下只对300m以上桥梁及特大桥桥梁描述桥型方案）：

1. ××特大桥：全长××m，上部结构采用××m、××m 预应力混凝土小箱梁，××m 超高性能混凝土梁，下部结构采用钢筋混凝土盖梁双柱墩。

2. ××特大桥：全长××m，上部结构采用××m、××m 预应力混凝土小箱梁，下部结构采用钢筋混凝土盖梁双柱墩。

3. ××特大桥西引桥：全长××m，上部结构采用××m、××m 预应力混凝土小箱梁，下部结构采用钢筋混凝土盖梁双柱墩。

4. ××特大桥：全长××m，采用空间双索面四塔混凝土梁斜拉桥，跨径布置为（××+××+×××××+××+××）m。

①3 号、4 号、5 号索塔基础采用××根直径××m 钻孔灌注桩，桩长分别为××m、××m、××m，按嵌岩桩设计；6 号索塔基础采用××根变桩径（桩顶××m 范围桩径××m，其余范围桩径××m）钻孔灌注桩，按摩擦桩设计。承台为圆形，3 号、4 号、5 号索塔承台直径××m，6 号索塔承台直径××m，承台厚××m（不含封底混凝土厚）。四个索塔均采用复合材料防撞护舷作为防撞设施。

②索塔采用带锯齿装饰的空心矩形截面“凤凰钻石”混凝土塔，3 号、4 号、5 号、6 号索塔总高度分别为××m、××m、××m、××m（承台以上）。

③主梁采用××混凝土梁，总宽××m，中心梁高××m，斜拉索锚固于混凝土梁端部。

④斜拉索采用××MPa 平行钢丝成品索。

5. ××特大桥东引桥：全长××m，上部结构采用××m 预应力混凝土小箱梁，下部结构采用钢筋混凝土盖梁双柱墩。

……

9. 一般大桥：××m/××座，上部结构采用××m 预应力混凝土小箱梁。

10. 中桥：××m/××座，上部结构采用××m 预应力混凝土小箱梁。

（四）交叉工程

1. 互通立交

全线设××、××（枢纽）互通立交共××处，规划预留××（枢纽）互通立交 1 处。

①××互通立交：连接湖岸西路，采用变异 T 形立交方案。主线长××km，其中桥梁××m/××座。匝道长××km，其中桥梁××m/××座。

②××（枢纽）立交：连接××大道，采用涡轮复合型方案。主线长××km，其中桥梁××m/××座。匝道长××km，其中桥梁××m/××座。被交路××高速公路改造长度为××km；被交路××大道改造长度为××km，其中桥梁××m/××座。

……

⑤××（枢纽）互通立交：连接××高速公路，采用复合型互通方案。主线长××km，均为桥梁。匝道总长××km，其中桥梁××m/××座。被交路××高速公路改

造长度为××km，其中拼宽桥梁××m/×座；被交路××改造长度为××km，包括既有收费广场改造匝道长××km；与××连接由平面交叉改为T形互通立交形式，新建匝道长××km，其中桥梁××m/××座，同时加宽改造××km。

2. 天桥

设天桥××m/××座。上部结构采用××m、××m预应力混凝土小箱梁。

3. 连接线工程：××km/××处。

××连接线路线总长××km，采用设计速度××km/h的双向××车道一级公路技术标准，路基宽度为××m。设置中桥××m/××座，涵洞××道，平面交叉××处。

（五）隧道工程

推荐方案全线设有隧道××m/××座，其中特长隧道××m/××座、长隧道××m/××座、中隧道××m/××座、短隧道××m/××座、隧道分布情况见下表。

序号	隧道名称	围岩等级及所占比例	隧道长度（m）	结构形式
1	××隧道	Ⅳ级围岩：××% Ⅴ级围岩：××%	××	极小净距＋小净距
……	……	……	……	……

（六）管理、养护及服务房屋

项目全线共设管理中心××处、服务区××处、停车区××处、集中住宿区××处、养护工区××处、匝道收费站××处（收费车道××条）。报送初步设计管理、养护及服务房屋总建筑面积××m^2（含收费站雨棚××m^2）。

四、投资估算审核意见

投资估算基本按《公路工程建设项目投资估算编制办法》（JTG 3820—2018）和广东省交通运输厅有关补充规定进行编制，但存在××，具体意见如下。

（一）建筑安装工程费

……

（二）土地使用及拆迁补偿费

……

（三）工程建设其他费用

……

（四）预备费

……

经审核，报送××工程投资估算费用为××万元（不含建设期贷款利息，含水田占补平衡指标预购费用××万元和耕地占补平衡指标预购费用××万元），核减费用

××万元，核定项目投资估算××万元（不含建设期贷款利息，暂列水田占补平衡指标预购费用××万元和耕地占补平衡指标预购费用××万元，含辅道工程费用，详见附表），平均每公路公里造价为××万元。

五、其他

（描述其他说明）

附件：1. 对比分析情况汇总表
　　　2. 总估算审核对比表

××公司（盖章）
20××年××月××日

对比分析情况汇总表

建设项目名称：　　　　　　　　　　编制范围：　　　　　　　　　　估审 01 表

一、建安工程费

1. 造价对比情况

编制建安费用××万元；审核建安费用为××万元，审核增加（或减少）费用××万元，约为编制建安费用的××%。

2. 人工材料单价及费率的影响

套用编制估算材料单价和费率后，审核建安费用为××万元，对比编制估算建安费增加（或减少）约××万元，占审核增加（或减少）费用的××%。

3. 其他影响

在相同人工、材料单价、费率下，编制估算建安费为××万元，审核估算建安费为××万元，审核增加（或减少）费用××万元，主要为：

（1）定额工程量错误导致的费用增加（或减少）

（2）定额调整差异导致的费用增加（或减少）

（3）其他

二、其他费用

编制：　　　　　　　　　　复核：

总估算审核对比表

建设项目名称：

编制范围：

估审 02 表

工程或费用编码	工程或费用名称	单位	编制			增减			审核			备注
			数量	金额	技术经济指标	数量	金额	技术经济指标	数量	金额	技术经济指标	

填表说明：

一个建设项目分若干单项工程编制投资估算时，应分别编制汇总和单项工程总估算审核对比表。

编制：　　　　　　　　　　复核：

2

设计概算文件

2.1 编制文件

××公路工程初步设计概算 (K×× + ××× ~ K×× + ×××) 第　册　　共　册 编制单位： 编制时间：××××年××月××日

（封面）

××公路工程初步设计概算

(K×× + ××× ~ K×× + ×××)

第　册　　共　册

编 制 人：　　　　(签字并盖章)

复 核 人：　　　　(签字并盖章)

编制单位：　　　　　(盖章)

编制时间：××××年××月××日

(扉页)

目　　录

主要技术经济指标汇总表

建设项目名称：

编制范围：　　　　　　　　　　　　　　　　　　　第　页　共　页　　　　**概总00表**

指标编码	指标名称	单位	信息或工程量	费用（万元）	技术经济指标（单价）	各项费用比例（%）	备注
Z-0	项目基本信息	公路公里		—	—	—	
Z-001	工程所在地	—		—	—	—	地级市行政地名
Z-002	地形类别	—		—	—	—	
Z-003	新建/改(扩)建	—		—	—	—	按立项确定的性质
Z-004	公路技术等级	—		—	—	—	
Z-005	设计速度	km/h		—	—	—	
Z-006	路面类型及结构层厚度	—		—	—	—	
Z-007	路基宽度	m		—	—	—	路基标准横断面宽度
Z-008	路线长度	公路公里		—	—	—	
Z-009	桥梁长度	km		—	—	—	
Z-010	隧道长度	km		—	—	—	
Z-011	桥隧比例	%		—	—	—	
Z-012	互通式立体交叉数量	km/处		—	—	—	
Z-013	支线、联络线长度	km		—	—	—	
Z-014	辅道、连接线长度	km		—	—	—	
1	建筑安装工程费	公路公里					
101	临时工程	公路公里					
102	路基工程	km					
10202	路基挖方	m^3					
10203	路基填方	m^3					
10205	特殊路基处理	km					
10206	排水工程	km					

主要技术经济指标汇总表

建设项目名称：

编制范围：

第　页　　共　页　　　　续上表

指标编码	指标名称	单位	信息或工程量	费用（万元）	技术经济指标（单价）	各项费用比例（%）	备注
10207	路基防护与加固工程	km					
103	路面工程	km					
10301	沥青混凝土路面	m^2					
10302	水泥混凝土路面	m^2					
104	桥梁涵洞工程	km					
10401	涵洞工程	m/道					
10402	小桥工程	m/座					
10403	中桥工程	m/座					
10404	大桥工程	m/座					
10405	特大桥工程	m/座					
105	隧道工程	km/座					
10501	连拱隧道	km/座					
10502	小净距隧道	km/座					
10503	分离式隧道	km/座					
10504	下沉式隧道	km/座					
10505	沉管隧道	km/座					
10506	盾构隧道	km/座					
10507	其他形式隧道	km/座					
106	交叉工程	处					
10601	平面交叉	处					
10602	通道	m/处					
10603	天桥	m/座					
10605	分离式立体交叉	km/处					
10606	互通式立体交叉	km/处					
10606-1	主线路基工程	km					

主要技术经济指标汇总表

建设项目名称：

编制范围：　　　　　　　　　　　　第　页　共　页　　　　续上表

指标编码	指标名称	单位	信息或工程量	费用（万元）	技术经济指标（单价）	各项费用比例（%）	备注
10606-2	主线路面工程	km					
10606-3	互通主线桥	m/座					
10606-4	匝道路基工程	km					
10606-5	匝道路面工程	km					
10606-6	匝道桥	m/座					
107	交通工程及沿线设施	公路公里					
10701	交通安全设施	公路公里					
10702	收费系统	车道/处					
10703	监控系统	公路公里					
10704	通信系统	公路公里					
10705	隧道机电工程	km/座					
10706	供电及照明系统	km					
10707	管理、养护、服务房建工程	m^2/处					
108	绿化及环境保护工程	公路公里					
109	其他工程	公路公里					
10901	联络线、支线工程	km/处					
10902	连接线工程	km/处					
10903	辅道工程	km/处					
10904	改路工程	km/处					
10905	改河、改沟、改渠	m/处					
110	专项费用	元					
2	土地使用及拆迁补偿费	公路公里					
201	土地使用费	亩					
20101	永久征用土地	亩					

主要技术经济指标汇总表

建设项目名称：

编制范围：　　　　第　页　共　页　　　　续上表

指标编码	指标名称	单位	信息或工程量	费用（万元）	技术经济指标（单价）	各项费用比例（%）	备注
20102	临时用地	亩					
20103	水田占补平衡费	亩					
20104	耕地占补平衡费	亩					
202	拆迁补偿费	公路公里					
203	其他补偿费	公路公里					
3	工程建设其他费	公路公里					
301	建设项目管理费	公路公里					
302	研究试验费	公路公里					
303	建设项目前期工作费	公路公里					
304	专项评价（估）费	公路公里					
307	工程保通管理费	公路公里					
4	预备费	公路公里					
6	建设期贷款利息	公路公里					
7	公路基本造价	公路公里					
Z-7	项目主材消耗						
Z-701	人工	工日					
Z-702	钢材	t					
Z-703	水泥	t					
Z-704	沥青	t					
Z-705	砂	m^3					
Z-706	石料	m^3					
Z-707	汽油	kg					
Z-708	柴油	kg					
Z-709	重油	kg					
Z-710	电	kW·h					

编制：　　　　复核：

总概算汇总表

建设项目名称：　　　　第　页　共　页　　　　**概总 01 表**

工程或费用编码	工程或费用名称	单位	总数量										总金额（元）	全路段技术经济指标	各项费用比例（%）
				数量	金额（元）	技术经济指标	数量	金额（元）	技术经济指标	数量	金额（元）	技术经济指标			

填表说明：

1. 一个建设项目分若干单项工程编制概算时，应通过本表汇总全部建设项目概算金额。
2. 本表反映一个建设项目的各项费用组成、概算总值和技术经济指标。
3. 本表工程或费用编码、工程或费用名称、单位、总数量、概算金额应由各单项或单位工程总概算表（概 01 表）转来，分部、项、子项应保留《广东省公路工程全过程造价管理标准费用项目表》概算列所示的标准费用项目，其他可视需要增减。
4. “全路段技术经济指标”以各金额汇总合计除以相应总数量计算；“各项费用比例”以汇总的各项目公路工程造价除以公路基本造价合计计算。

编制：　　　　复核：

标准费用项目前后阶段对比表

建设项目名称：　　　　　　　　　　第　页　共　页　　　　**概总比 01 表**

工程或费用编码	工程或费用名称	单位	本阶段设计概算			批复工可估算			费用变化		备注
			数量	单价	金额	数量	单价	金额	金额	比例(%)	
1	2	3	4	5 = 6 ÷ 4	6	7	8 = 9 ÷ 7	9	10 = 6 − 9	11 = 10 ÷ 9	12

填表说明：

1. 本表反映一个建设项目的前后阶段各项费用组成。
2. 本阶段和上阶段费用均从各阶段概总 01 表转入。

编制：　　　　　　　　　　　　　　　　　　　　复核：

人工、材料、设备、机械的数量、单价汇总表

建设项目名称：　　　　　　　　　　　　　　　　第　页　共　页　　　　概总 02 表

序号	编码	名　称	单位	单价（元）	总数量	编制范围								备注（规格）

编制：　　　　　　　　　　　　　　　　　　　　复核：

主要技术经济指标表

建设项目名称：

编制范围：　　　　　　　　　　　　　　　　　　　　　　　　　　　第　页　共　页　　　　**概 00 表**

指标编码	指 标 名 称	单位	信息或工程量	费用(万元)	技术经济指标(单价)	各项费用比例(%)	备　注
Z-0	项目基本信息	公路公里		—	—	—	
Z-001	工程所在地	—		—	—	—	地级市行政地名
Z-002	地形类别	—		—	—	—	
Z-003	新建/改(扩)建	—		—	—	—	按立项确定的性质
Z-004	公路技术等级	—		—	—	—	
Z-005	设计速度	km/h		—	—	—	
Z-006	路面类型及结构层厚度	—		—	—	—	
Z-007	路基宽度	m		—	—	—	路基标准横断面宽度
Z-008	路线长度	公路公里		—	—	—	
Z-009	桥梁长度	km		—	—	—	
Z-010	隧道长度	km		—	—	—	
Z-011	桥隧比例	%		—	—	—	
Z-012	互通式立体交叉数量	km/处		—	—	—	
Z-013	支线、联络线长度	km		—	—	—	
Z-014	辅道、连接线长度	km		—	—	—	
1	建筑安装工程费	公路公里					
101	临时工程	公路公里					
102	路基工程	km					
10202	路基挖方	m^3					
10203	路基填方	m^3					
10205	特殊路基处理	km					
10206	排水工程	km					
10207	路基防护与加固工程	km					

主要技术经济指标表

建设项目名称：

编制范围：　　　　　　　　　　　　　　　第　页　共　页　　　　续上表

指标编码	指标名称	单位	信息或工程量	费用(万元)	技术经济指标(单价)	各项费用比例(%)	备注
103	路面工程	km					
10301	沥青混凝土路面	m^2					
10302	水泥混凝土路面	m^2					
104	桥梁涵洞工程	km					
10401	涵洞工程	m/道					
10402	小桥工程	m/座					
10403	中桥工程	m/座					
10404	大桥工程	m/座					
10405	特大桥工程	m/座					
105	隧道工程	km/座					
10501	连拱隧道	km/座					
10502	小净距隧道	km/座					
10503	分离式隧道	km/座					
10504	下沉式隧道	km/座					
10505	沉管隧道	km/座					
10506	盾构隧道	km/座					
10507	其他形式隧道	km/座					
106	交叉工程	处					
10601	平面交叉	处					
10602	通道	m/处					
10603	天桥	m/座					
10605	分离式立体交叉	km/处					
10606	互通式立体交叉	km/处					
10606-1	主线路基工程	km					

主要技术经济指标表

建设项目名称：

编制范围：

第　页　共　页　　续上表

指标编码	指标名称	单位	信息或工程量	费用(万元)	技术经济指标（单价）	各项费用比例（%）	备注
10606-2	主线路面工程	km					
10606-3	互通主线桥	m/座					
10606-4	匝道路基工程	km					
10606-5	匝道路面工程	km					
10606-6	匝道桥	m/座					
107	交通工程及沿线设施	公路公里					
10701	交通安全设施	公路公里					
10702	收费系统	车道/处					
10703	监控系统	公路公里					
10704	通信系统	公路公里					
10705	隧道机电工程	km/座					
10706	供电及照明系统	km					
10707	管理、养护、服务房建工程	m^2/处					
108	绿化及环境保护工程	公路公里					
109	其他工程	公路公里					
10901	联络线、支线工程	km/处					
10902	连接线工程	km/处					
10903	辅道工程	km/处					
10904	改路工程	km/处					
10905	改河、改沟、改渠	m/处					
110	专项费用	元					
2	土地使用及拆迁补偿费	公路公里					
201	土地使用费	亩					
20101	永久征用土地	亩					

主要技术经济指标表

建设项目名称：

编制范围：　　　　　　　　　　　　第　页　共　页　　　　续上表

指标编码	指标名称	单位	信息或工程量	费用(万元)	技术经济指标(单价)	各项费用比例(%)	备注
20102	临时用地	亩					
20103	水田占补平衡费	亩					
20104	耕地占补平衡费	亩					
202	拆迁补偿费	公路公里					
203	其他补偿费	公路公里					
3	工程建设其他费	公路公里					
301	建设项目管理费	公路公里					
302	研究试验费	公路公里					
303	建设项目前期工作费	公路公里					
304	专项评价(估)费	公路公里					
307	工程保通管理费	公路公里					
4	预备费	公路公里					
6	建设期贷款利息	公路公里					
7	公路基本造价	公路公里					
Z-7	项目主材消耗						
Z-701	人工	工日					
Z-702	钢材	t					
Z-703	水泥	t					
Z-704	沥青	t					
Z-705	砂	m^3					
Z-706	石料	m^3					
Z-707	汽油	kg					
Z-708	柴油	kg					
Z-709	重油	kg					
Z-710	电	kW·h					

编制：　　　　　　　　　　　　　　复核：

总概算表

建设项目名称：

编制范围：

第　页　共　页　　概 01 表

工程或费用编码	工程或费用名称	单　位	数　量	金额（元）	技术经济指标	各项费用比例（%）	备　注

填表说明：

1. 本表反映一个单项或单位工程的各项费用组成、概算金额、技术经济指标、各项费用比例等。
2. 本表"工程或费用编码""工程或费用名称""单位"等应按《广东省公路工程全过程造价管理标准项目表》中概算列的编号及内容填写。
3. "数量""金额"由建筑安装工程费计算表（概 03 表）、专项费用计算表（概 06 表）、土地使用及征拆补偿费计算表（概 07 表）、工程建设其他费计算表（概 08 表）转来。
4. "技术经济指标"以各项目金额除以相应数量计算；"各项费用比例"以各项金额除以公路基本造价计算。

编制：　　复核：

人工、材料、设备、机械的数量、单价表

建设项目名称：

编制范围：　　　　　　　　　　　　　　第　页　共　页　　　　概 02 表

序号	编码	名　称	单位	单价（元）	总数量	分项统计						场外运输损耗		备注（规格）
												%	数量	

编制：　　　　　　　　　　　　　　　　复核：

建筑安装工程费计算表

建设项目名称：

编制范围：　　　　　　　　　　　　　　第　页　共　页　　　　概 03 表

序号	工程或费用编码	工程或费用名称	单位	工程量	定额直接费（元）	定额设备购置费（元）	直接费（元）				设备购置费	措施费	企业管理费	规费	利润（元）	税金（元）	金额合计（元）	
							人工费	材料费	施工机械使用费	合计					费率（%）	税率（%）	合计	单价
1	2	3	4	5	6	7	8	9	10	11	12	13	14	15	16	17	18	19
合计																		

填表说明：

1. 本表各栏数据由概 05 表、概 06 表、概 21-2 表经计算转来。
2. 本表中除列出具体分项外，还应列出子项（如临时工程、路基工程、路面工程等……），并将子项下的具体分项的费用进行汇总。
3. “工程或费用编码”“工程或费用名称”“单位”应按本指南附录 B 中概算列的编号内容填写。

编制：　　　　　　　　　　　　　　　　复核：

综 合 费 率 计 算 表

建设项目名称：

编制范围：　　　　　　　　　　　　　　　　　　　　　　　　第　页　共　页　　　　**概 04 表**

序号	工程类别	措施费(%)											企业管理费(%)						规费(%)					
		冬季施工增加费	雨季施工增加费	夜间施工增加费	高原地区施工增加费	风沙地区施工增加费	沿海地区施工增加费	行车干扰施工增加费	施工辅助费	工地转移费	综合费率		基本费用	主副食运费补贴	职工探亲路费	职工取暖补贴	财务费用	综合费率	养老保险费	失业保险费	医疗保险费	工伤保险费	住房公积金	综合费率
											Ⅰ	Ⅱ												
1	2	3	4	5	6	7	8	9	10	11	12	13	14	15	16	17	18	19	20	21	22	23	24	25

填表说明：

本表应根据建设项目具体情况，按《公路工程建设项目概算预算编制办法》有关规定填入数据计算。

其中：12 = 3 + 4 + 5 + 6 + 7 + 8 + 9 + 11；13 = 10；19 = 14 + 15 + 16 + 17 + 18；25 = 20 + 21 + 22 + 23 + 24。

编制：　　　　　　　　　　　　　　　　　　　　　　　　复核：

综合费计算表

建设项目名称：

编制范围：　　　　　　　　　　　　　　　　　　　　第　页　共　页　　　　**概 04-1 表**

序号	工程名称	措施费											企业管理费						规费					
		冬季施工增加费	雨季施工增加费	夜间施工增加费	高原地区施工增加费	风沙地区施工增加费	沿海地区施工增加费	行车干扰施工增加费	施工辅助费	工地转移费	综合费用		基本费用	主副食运费补贴	职工探亲路费	职工取暖补贴	财务费用	综合费用	养老保险费	失业保险费	医疗保险费	工伤保险费	住房公积金	综合费用
											Ⅰ	Ⅱ												
1	2	3	4	5	6	7	8	9	10	11	12	13	14	15	16	17	18	19	20	21	22	23	24	25

填表说明：

本表应根据建设项目具体分项工程，按《公路工程建设项目概算预算编制办法》规定的计算方法分别计算各项费用。

其中：12 =3 +4 +5 +6 +7 +8 +9 +11；13 =10；19 =14 +15 +16 +17 +18；25 =20 +21 +22 +23 +24。

编制：　　　　　　　　　　　　　　　　　　　　复核：

设 备 费 计 算 表

建设项目名称：

编制范围：　　　　　　　　　　　　　　第　页　共　页　　　　概 05 表

序号	编码	设备名称	规格型号	单位	数量	基价	定额设备购置费(元)	单价(元)	设备购置费(元)	税金(元)	定额设备费(元)	设备费(元)
合计												

填表说明：

本表应根据具体的设备购置清单进行计算，包括设备规格、单位、数量、设备基价、定额设备购置费、设备预算单价、税金以及定额设备费和设备费。设备购置费不计取措施费及企业管理费。

编制：　　　　　　　　　　　　　　　　复核：

专项费用计算表

建设项目名称：

编制范围：　　　　　　　　　　　　第　页　共　页　　　　概 06 表

序号	编码	工程或费用名称	说明及计算式	金额(元)	备　注

填表说明：

本表应依据项目按《公路工程建设项目概算预算编制办法》规定的专项费用项目填写，在说明及计算式栏内填写需要说明的内容及计算式。

编制：　　　　　　　　　　　　　　复核：

土地使用及拆迁补偿费计算表

建设项目名称：

编制范围：　　　　　　　　　　　　第　页　共　页　　　　概 07 表

序号	编码	费用名称	单位	数量	单价(元)	金额(元)	说明及计算式	备注

填表说明：

本表按规定填写单位、数量、单价和金额；说明及计算式栏中应注明标准及计算式；子项下边有分项的，可以按顺序依次往下编码。

编制：　　　　　　　　　　　　　　复核：

土地使用费计算表

建设项目名称：　　　　行政区域名称：　　　　编制范围：　　　　第　页　共　页　　　　**概 07-1 表**

序号	工程或费用编码	地类	面积	土地补偿和安置补助费	青苗补偿费	征地税费			被征地农民养老保险	留用地折算货币补偿			委托地方政府包干经费	其他	综合指标	费用
						耕地占用税	耕地开垦费	森林植被恢复费		留用地面积比例	工业用地基准价	留用地费		……		
			（亩）	（万元/亩）	（万元/亩）	（万元/亩）	（万元/亩）	（万元/亩）	（万元/亩）	（%）	（元/m^2）	（万元/亩）	（万元/亩）	（万元/亩）	（万元/亩）	（万元）
1	2	3	4	5	6	7	8	9	10	11	12	13 = 11 × 12 × 666.67 ÷ 10000	14	15	16 = 5 + 6 + 7 + 8 + 9 + 10 + 13 + 14 + 15	17 = 4 × 16
1	201	土地使用费														
2	20101	永久征用土地														
3	2010101	耕地														
3.1	201010101	水田														
3.2	201010102	水浇地														
3.3	201010103	旱地														
4	2010102	园地														
5	2010103	林地														
6	2010104	草地														
7	2010105	湿地														
8	2010106	农业设施建设用地														
9	2010107	居住用地														
10	2010108	商业服务业用地														
合计																

填表说明：

本表适用于永久征用土地使用费的计算，地类划分与实际分项不同时可根据《国土空间调查、规划、用途管制用地用海分类指南（试行）》（自然资办发〔2020〕51号）进行调整或细化，表内各项费用计列的依据文件及备注如下：

1. 征地补偿费（土地补偿和安置补助费）：……
2. 青苗补偿费：……
3. 耕地占用税：……
4. 耕地开垦费：……
5. 森林植被恢复费：……
6. 被征地农民养老保险：……
7. 留用地折算货币补偿：……
8. 委托地方政府包干经费：……
9. 其他：……

编制：　　　　　　　　复核：

工程建设其他费计算表

建设项目名称：

编制范围：　　　　　　　　　　　　　　　　　　第　页　共　页　　　　概 08 表

序号	编码	费用名称及项目	说明及计算式	金额(元)	备　注

填表说明：

本表应按具体发生的其他费用项目填写，需要说明和具体计算的费用项目依次相应在说明及计算式栏内填写或具体计算，各项费用具体填写如下：

1. 建设项目管理费包括建设单位(业主)管理费、建设项目信息化费、工程监理费、设计文件审查费、竣(交)工验收试验检测费，按现行《公路工程建设项目概算预算编制办法》(JTG 3830)规定的计算基数、费率、方法或有关规定列式计算。
2. 研究试验费应根据设计需要进行研究试验的项目分别填写项目名称及金额或列式计算或进行说明。
3. 建设项目前期工作费按现行《公路工程建设项目概算预算编制办法》(JTG 3830)规定的计算基数、费率、方法计算。
4. 专项评价(估)费、联合试运转费、生产准备费、工程保通管理费、工程保险费、预备费、建设期贷款利息等其他费用根据现行《公路工程建设项目概算预算编制办法》(JTG 3830)或国家有关规定依次类推计算。

编制：　　　　　　　　　　　　　　　　　　　　　　复核：

分项工程概算计算数据表

建设项目名称：

编制范围：　　　　标准定额库版本号：　　　　校验码：　　　　第　页　共　页　　　　**概 21-1 表**

工程或费用编码/定额代号/工料机代号	项目、定额或工料机的名称	单位	数量	输入单价	输入金额	分项组价类型或定额子目取费类别	定额调整情况或分项算式

填表说明：

1. 本表应逐行从左到右横向跨栏填写。
2. “工程或费用编码”“定额代号”“工料机代号”等应根据实际需要按《广东省公路工程全过程造价管理标准费用项目表》及现行《公路工程概算定额》（JTG/T 3831）的相关内容填写。
3. 本表主要是为利用计算机软件编制概算提供分项组价基础数据，列明工程项目全部计算分项的组价参数；分项组价类型包括：输入单价、输入金额、算式列表、费用列表和定额组价五类；定额调整情况分配合比调整、钢筋调整、抽换、乘系数、综合调整等，非标准补充定额列出其工料机及消耗量；具体填表规则由软件用户手册详细规定。
4. 标准定额库版本号由公路工程造价依据信息平台和最新的标准定额库一起发布，造价软件接收后直接输出。
5. 校验码对由定额库版本号加密生成，由公路工程造价依据信息平台与定额库版本号同时发布，造价软件直接输出。为便于校验，造价软件可按条形码形式输出。

编制：　　　　　　　　　　　　　　　　复核：

分项工程概算表

编制范围：

分项编号：　　工程名称：　　单位：　　数量：　　单价：　　第　页　共　页　　**概 21-2 表**

编号	工程项目												合计	
	工程细目													
	定额单位													
	工程数量													
	定额表号													
	工、料、机名称	单位	单价（元）	定额	数量	金额（元）	定额	数量	金额（元）	定额	数量	金额（元）	数量	金额（元）
1	人工	工日												
2	……													
	直接费	元												
	措施费 I	元			%			%			%			
	措施费 Ⅱ	元			%			%			%			
	企业管理费	元			%			%			%			
	规费	元			%			%			%			
	利润	元			%			%			%			
	税金	元			%			%			%			
	金额合计	元												

填表说明：

1. 本表按具体分项工程项目数量、对应概算定额子目填写，单价由概 02 表转来，金额 = ∑工、料、机各项的单价 × 定额 × 数量。
2. 措施费、企业管理费按相应项目的定额人工费与定额施工机械使用费之和或定额直接费 × 规定费率计算。
3. 规费按相应项目的人工费 × 规定费率计算。
4. 利润按相应项目的（定额直接费 + 措施费 + 企业管理费） × 利润率计算。
5. 税金按相应项目的（直接费 + 措施费 + 企业管理费 + 规费 + 利润） × 税率计算。
6. 措施费、企业管理费、规费、利润、税金对应定额列填入相应的计算基数，数量列填入相应的费率。

编制：　　　　复核：

材料预算单价计算表

建设项目名称：

编制范围：

第　页　共　页　　　　**概 22 表**

代号	规格名称	单位	原价（元）	运杂费					原价运费合计（元）	场外运输损耗		采购及保管费		预算单价（元）
				供应地点	运输方式、比重及运距	毛质量系数或单位毛质量	运杂费构成说明或计算式	单位运费（元）		费率（%）	金额（元）	费率（%）	金额（元）	

填表说明：

1. 本表计算各种材料的预算单价，包括自供应地点或料场至工地的全部运杂费、材料原价及其他费用。
2. 运输方式按火车、汽车、船舶等及所占运输比重填写。
3. 毛质量系数、场外运输损耗、采购及保管费按规定填写。
4. 根据材料供应地点、运输方式、运输单价、毛质量系数等，通过运杂费构成说明或计算式，计算得出材料单位运费。
5. 材料原价与单位运费、场外运输损耗、采购及保管费组成材料预算单价。

编制：　　　　　　　　　　　　　　　　　　复核：

自采材料料场价格计算表

编制范围：

自采材料名称： 单位： 数量： 料场价格： 第 页 共 页 概 23-1 表

代号	工程项目												合计	
	工程细目													
	定额单位													
	工程数量													
	定额表号													
	工、料、机名称	单位	单价(元)	定额	数量	金额(元)	定额	数量	金额(元)	定额	数量	金额(元)	数量	金额(元)
	直接费	元												
	辅助生产间接费	元			%			%			%			
	高原取费	元			%			%			%			
金额合计		元												

填表说明：

1. 本表主要用于分析计算自采材料料场价格，应将选用的定额人工、材料、施工机械台班数量全部列出，包括相应的工、料、机单价。
2. 材料规格用途相同而生产方式（如人工捶碎石、机械轧碎石）不同时，应分别计算单价，再以各种生产方式所占比重根据合计价格加权平均计算料场价格。
3. 定额中施工机械台班有调整系数时，应在本表内计算。
4. 辅助生产间接费、高原取费对应定额列填入相应的计算基数，数量列填入相应的费率。

编制： 复核：

材料自办运输单位运费计算表

编制范围：

自采材料名称：　　单位：　　数量：　　单位运费：　　第　页　共　页　　概 23-2 表

代号	工程项目												合　计	
	工程细目													
	定额单位													
	工程数量													
	定额表号													
	工、料、机名称	单位	单价(元)	定额	数量	金额(元)	定额	数量	金额(元)	定额	数量	金额(元)	数量	金额(元)
	直接费	元												
	辅助生产间接费	元			%			%			%			
	高原取费	元			%			%			%			
金额合计		元												

填表说明：

1. 本表主要用于分析计算材料自办运输单位运费，应将选用的定额人工、材料、施工机械台班数量全部列出，包括相应的工、料、机单价。
2. 材料运输地点或运输方式不同时，应分别计算单价，再按所占比重加权平均计算材料运输价格。
3. 定额中施工机械台班有调整系数时，应在本表内计算。
4. 辅助生产间接费、高原取费对应定额列填入相应的计算基数，数量列填入相应的费率。

编制：　　复核：

施工机械台班单价计算表

建设项目名称：
编制范围：　　　　　　　　　　　　　　第　页　共　页　　　　概 24 表

序号	代号	规格名称	台班单价（元）	不变费用(元)		可变费用(元)																	
				调整系数：		人工：		汽油：		柴油：		重油：		煤：		电：		水：		木柴：		车船税	合计
						（元/工日）		（元/kg）		（元/kg）		（元/kg）		（元/t）		[元/（kW·h）]		（元/m^3）		（元/kg）			
				定额	调整值	定额	金额	定额	金额	定额	金额	定额	金额	定额	金额	定额	金额	定额	金额	定额	金额		

填表说明：
1. 本表应根据现行《公路工程机械台班费用定额》(JTG/T 3833)进行计算。不变费用如有调整系数应填入调整值；可变费用各栏填入定额数量。
2. 人工、动力燃料的单价由材料预算单价计算表(概 22 表)转来。

编制：　　　　　　　　　　　　　　　　　　　　复核：

辅助生产人工、材料、施工机械台班单位数量表

建设项目名称：

编制范围：　　　　　　　　　　　　　　　　　　　　　第　页　共　页　　概 25 表

序号	规格名称	单位	人工(工日)						

填表说明：

本表各栏数据由自采材料料场价格计算表(概 23-1 表)和材料自办运输单位运费计算表(概 23-2 表)统计而来。

编制：　　　　　　　　　　　　　　　　　　　　　　复核：

主要技术标准及工程规模统计表

建设项目名称：　　　　　　　　　　　　　　　　　　　　　　　　　　　　　　　　　　　　　概辅 01 表

序号	名　称	单　位	信息或工程量				
一	项目基本信息	公路公里					
1	工程所在地						
2	地形类别						
3	新建/改(扩)建						
4	公路技术等级	级					
5	设计速度	km/h					
6	路面类型及结构层厚度(水泥/沥青)	cm					
7	路基宽度	m					
8	路线长度	公路公里					
9	桥梁长度	km					
10	隧道长度	km					
11	桥隧比例	%					
12	互通式立体交叉数量	km/处					
13	支线、联络线长度	km					
14	辅道、连接线长度	km					
二	分段		××段	××段	××段	……	合计
1	起讫桩号		填表说明： 1. 路基挖方包括路基挖土石方、非适用材料及淤泥的开挖等。路基填方包括路基土石方填筑、结构物台背回填等。 2. 桥隧比＝主线桥隧长度/主线长度(含互通主线)。				
2	路线长度(km)						
3	桥隧比(%)						

主要技术标准及工程规模统计表

建设项目名称：

续上表

序号	名称		单位	信息或工程量				
二	分段			××段	××段	××段	……	合计
4	路基工程	路基长度	km					
5		路基宽度	m					
6		路基挖方	m^3					
7		路基填方	m^3					
8		排水圬工	m^3					
9		防护圬工	m^3					
10		特殊路基处理	km					
11	路面工程	水泥混凝土路面	m^2					
12		沥青混凝土路面	m^2					
13	桥涵工程	涵洞	m/座					
14		中小桥	m/座					
15		大桥	m/座					
16		特大桥	m/座					
17	隧道工程	小净距隧道	km/座					
18		分离式隧道	km/座					
19		连拱隧道	km/座					
20		其他隧道	km/座					
21	交叉工程	平面交叉	处					
22		通道	m/处					
23		人行天桥	m/座					
24		渡槽	m/处					
25		分离式立交	km/处					

主要技术标准及工程规模统计表

建设项目名称：

续上表

序号	名　　称				单　　位	信息或工程量				
二	分段					××段	××段	××段	……	合计
26	交叉工程	互通立交	处数		处					
27			主线	主线长度	km					
28				路基挖方	m^3					
29				路基填方	m^3					
30				排水圬工	m^3					
31				防护圬工	m^3					
32				特殊路基处理	km					
33				水泥混凝土路面	m^2					
34				沥青混凝土路面	m^2					
35				涵洞	m/座					
36				通道	m/处					
37				中小桥	m/座					
38				大桥	m/座					
39				特大桥	m/座					
40			匝道	匝道长度	km					
41				路基挖方	m^3					
42				路基填方	m^3					
43				排水圬工	m^3					
44				防护圬工	m^3					
45				特殊路基处理	km					
46				水泥混凝土路面	m^2					
47				沥青混凝土路面	m^2					

主要技术标准及工程规模统计表

建设项目名称：

续上表

<table>
<tr><th>序号</th><th colspan="4">名　称</th><th>单　位</th><th colspan="5">信息或工程量</th></tr>
<tr><td>二</td><td colspan="5">分段</td><td>××段</td><td>××段</td><td>××段</td><td>……</td><td>合计</td></tr>
<tr><td>48</td><td rowspan="5">交叉工程</td><td rowspan="5">互通立交</td><td rowspan="5">匝道</td><td>涵洞</td><td>m/座</td><td></td><td></td><td></td><td></td><td></td></tr>
<tr><td>49</td><td>通道</td><td>m/处</td><td></td><td></td><td></td><td></td><td></td></tr>
<tr><td>50</td><td>中小桥</td><td>m/座</td><td></td><td></td><td></td><td></td><td></td></tr>
<tr><td>51</td><td>大桥</td><td>m/座</td><td></td><td></td><td></td><td></td><td></td></tr>
<tr><td>52</td><td>特大桥</td><td>m/座</td><td></td><td></td><td></td><td></td><td></td></tr>
<tr><td>53</td><td rowspan="10" colspan="2">交通工程</td><td colspan="2">交通安全设施</td><td>公路公里</td><td></td><td></td><td></td><td></td><td></td></tr>
<tr><td>54</td><td colspan="2">机电设备及安装工程</td><td>公路公里</td><td></td><td></td><td></td><td></td><td></td></tr>
<tr><td>55</td><td rowspan="7">管理养护服务房屋工程</td><td>管理中心</td><td>处/m²</td><td></td><td></td><td></td><td></td><td></td></tr>
<tr><td>56</td><td>养护工区</td><td>处/m²</td><td></td><td></td><td></td><td></td><td></td></tr>
<tr><td>57</td><td>服务区</td><td>处/m²</td><td></td><td></td><td></td><td></td><td></td></tr>
<tr><td>58</td><td>停车区</td><td>处/m²</td><td></td><td></td><td></td><td></td><td></td></tr>
<tr><td>59</td><td>收费站</td><td>处/m²</td><td></td><td></td><td></td><td></td><td></td></tr>
<tr><td>60</td><td>……</td><td></td><td></td><td></td><td></td><td></td><td></td></tr>
<tr><td>61</td><td>合计</td><td>m²</td><td></td><td></td><td></td><td></td><td></td></tr>
<tr><td>62</td><td colspan="2">绿化及环境保护工程</td><td>公路公里</td><td></td><td></td><td></td><td></td><td></td></tr>
<tr><td>63</td><td rowspan="3" colspan="2">其他工程</td><td colspan="2">联络线、支线工程</td><td>km/处</td><td></td><td></td><td></td><td></td><td></td></tr>
<tr><td>64</td><td colspan="2">连接线工程</td><td>km/处</td><td></td><td></td><td></td><td></td><td></td></tr>
<tr><td>65</td><td colspan="2">辅道工程</td><td>km/处</td><td></td><td></td><td></td><td></td><td></td></tr>
<tr><td></td><td colspan="4">……</td><td></td><td></td><td></td><td></td><td></td><td></td></tr>
</table>

编制：　　　　　　　　　　复核：

各阶段主要工程规模对比表

建设项目名称：

概辅 02 表

名称		单位	各阶段主要工程数量		初设与工可对比情况	备注
			批复的工可	初步设计		
1		2	3	4	5 = 4 − 3	6
路线全长		km				
主要工程规模	路基挖方	万 m^3				各阶段主要工程数量为主线、互通主线合计数量(不含互通匝道、连接线工程及线外工程)
	路基填方	万 m^3				
	排水圬工	万 m^3				
	防护圬工	万 m^3				
	特殊路基处理	km				
	水泥混凝土路面	万 m^2				
	沥青混凝土路面	万 m^2				
	涵洞	m/道				
	中小桥	m/座				
	大桥	m/座				
	特大桥	m/座				
	小净距隧道	km/座				
	分离式隧道	km/座				
	连拱隧道	km/座				
	其他隧道	km/座				
	平面交叉	处				
	通道	m/处				
	人行天桥	m/座				
	渡槽	m/处				

各阶段主要工程规模对比表

建设项目名称：

续上表

名称		单位	各阶段主要工程数量		初设与工可对比情况	备注
			批复的工可	初步设计		
主要工程规模	分离式立交	km/处				
	互通式立交	km/处				
	联络线、支线工程	km/处				
	连接线工程	km/处				
	辅道工程	km/处				
服务设施	管理中心	处				占地××亩，建筑面积××m^2(不含收费雨棚建筑面积××m^2)
	养护工区	处				
	服务区	处				
	收费站	处				
	停车区	处				
占地	永久征用土地	亩				

编制：　　　　　　　　　　　　复核：

2.2 审核文件

××公路工程初步设计概算审核文件

(K×× + ××× ~ K×× + ×××)

审核单位：

审核时间：××××年××月××日

(封面)

××公路工程初步设计概算审核文件

（K××+×××～K××+×××）

编 制 人：　　　（签字并盖章）

复 核 人：　　　（签字并盖章）

审核单位：　　　　（盖章）

审核时间：××××年××月××日

（扉页）

目　录

××公路初步设计概算审核意见

20××年××月，《广东省发展改革委关于××高速公路项目核准的批复》（粤发改核准〔20××〕××号）批复同意××高速公路（以下简称“项目”）：全长约××km，全线设置桥梁××m/××座（含互通立交主线跨线桥、主线上跨分离式立交桥），其中特大桥××座约××m，大桥××m/××座；设××共××处互通立交；设服务区、停车区各××处，设管理中心××处、养护工区××处；设××互通立交连接线××km。同步建设必要的交通工程和沿线设施。全线设计速度采用××km/h，其中××路段（约××km）采用双向××车道高速公路技术标准，路基宽度为××m；××路段（约××km），采用双向××车道高速公路技术标准，路基宽度为××m。桥涵设计汽车荷载采用公路—Ⅰ级。项目总投资估算××亿元（含建设期贷款利息、水田和耕地占补平衡指标预购费用）。项目资本金不少于总投资的××%，由项目业主自筹，其余建设资金通过国内银行贷款解决。

××年××月，设计单位××公司（总体单位、A1标段）、××公司（A2标段）、××公司（B标段）根据《广东省交通运输厅关于印发××高速公路初步设计评审意见的通知》（粤交基函〔20××〕××号，以下简称“初步设计评审意见”）修编完成项目“初步设计”。

根据交通运输部《公路工程建设项目概算预算编制办法》（JTG 3830—2018）和广东省交通运输厅有关造价管理的补充规定，结合初步设计评审意见，按厅转来初步设计（20××年××月版）的推荐方案及工程数量、设计补充相关资料等，采用近期广东省交通建设工程××、××地区主要材料价格，××对项目概算进行审查，意见如下。

一、路线走向及路线方案

（一）路线走向

项目起于××市××区××镇××村接××高速公路（并预留本项目北延设置条件），经××市××区××镇、××镇、××镇、××镇，终于××市××区××镇××村，接××高速公路。

（二）路线方案

按广东省交通运输厅转初步设计推荐（××线）路线方案对初步设计概算进行审查。

二、技术标准和建设规模

（一）技术标准

采用双向××车道、双向××车道高速公路技术标准，主要技术指标如下：

1. 设计速度：××km/h。
2. 桥涵设计汽车荷载等级：公路—I级。
3. 设计洪水频率：特大桥1/300，其余桥涵、路基1/100。
4. 路基宽度

（1）××m（××路段，约××km）；

（2）××m（××路段，约××km）。

5. 隧道建筑限界净宽：××m（××路段），××m（××路段）。
6. 地震动峰值加速度：××g。

（二）建设规模

项目路线全长××km，其中桥梁××m/××座（含互通立交主线跨线桥、主线上跨分离式立交桥），桥梁比例为××%；互通立交××处（含规划预留设置条件×处），管理中心××处，服务区××处，停车区××处，养护工区××处，匝道收费站××处（收费车道共××条）。连接线××km/××处。

1. A1标段：路线长××km（不含远期规划南延实施××km）

（1）路基长度为××km（扣除主线桥梁长度）。

（2）桥涵工程：主线桥梁总长××m/××座（含互通立交主线跨线桥、主线上跨分离式立交桥），桥梁比例为××%。涵洞××m/××道，平均每路基××道。

（3）交叉工程：互通立交××处（含规划预留设置条件××处），天桥××m/××座。

（4）管理服务设施：管理中心××处，服务区××处，养护工区××处，匝道收费站××处（收费车道共××条）。

（5）用地面积：永久占用土地××亩（其中水田××亩、还原地类水田××亩，不含既有公路用地××亩、河流水面××亩），平均每公里用地××亩。临时用地××亩。

2. A2标段：路线长××km（不含远期规划北延实施××km）

（1）路基长度为××km（扣除主线桥梁长度）。

（2）桥涵工程：主线桥梁总长××m/××座（含互通立交主线跨线桥、主线上跨分离式立交桥），桥梁比例××%。涵洞××m/××道，平均每路基公里××道。

（3）交叉工程：互通立交××处（含规划预留设置条件××处），连接线××km/××处。

（4）管理服务设施：停车区××处，养护工区××处，匝道收费站××处（收费车道共××条）。

（5）用地面积：永久占用土地××亩（其中水田××亩，不含既有公路用地××亩、河流水面××亩），平均每公里用地××亩。其中××连接线占用土地××亩（包含水田××亩）。临时用地××亩。

三、工程主要方案及主要工程数量

（一）路基工程

1. 路幅布置方案

××路段（长约××km）整体式路基宽度为××m，横断面布置为：中央分隔带宽××m，左侧路缘带宽××m，行车道宽××m，硬路肩宽××m（含右侧路缘带宽××m），土路肩宽××m。

××路段（长约××km）整体式路基宽度为××m，横断面布置为：中央分隔带宽××m，左侧路缘带宽××m，行车道宽××m，硬路肩宽××m（含右侧路缘带宽××m），土路肩宽××m。

2. 特殊路基

主要为软土路基，主要采用××处理方案。

3. 排水防护工程

排水工程主要采用××方案。一般边坡采用××进行边坡加固。

（二）路面工程

1. 主线及互通立交匝道、连接线采用沥青混凝土路面结构：××（×+×+×）cm厚沥青混凝土面层（上面层采用××、中面层采用××）+××cm厚水泥稳定碎石基层+××cm厚水泥稳定碎石底基层+××cm厚级配碎石垫层。

2. 收费广场及服务区内道路采用水泥混凝土路面结构：××cm（服务区内道路××cm）厚水泥混凝土面层+××cm厚水泥稳定碎石基层+××cm厚水泥稳定碎石底基层+××cm（服务区内道路××cm）厚级配碎石垫层。

3. 桥面铺装：主线桥及互通立交匝道桥采用××（×+×）cm厚沥青混凝土（上面层采用××、中面层采用××）。

（三）桥涵工程（不含互通立交主线桥梁）

全线设桥梁××m/××座，其中特大桥××m/××座、大桥××m/××座、中桥××m/××座，涵洞××m/××道。

1. ××标段

该段设桥梁××m/××座，其中：特大桥××m/××座，大桥××m/××座，中桥××m/××座，涵洞××m/××道。主要桥型方案如下：

（以下只对300m以上桥梁及特大桥桥梁描述桥型方案）

（1）××大桥：全长××m，上部结构采用××m、××m预应力混凝土小箱梁。

（2）××特大桥：全长××m，上部结构采用××m、××m预应力混凝土小箱梁。

（3）××大桥：全长××m，上部结构采用××m 预应力混凝土 T 梁。

……

（8）其他一般大桥××m/××座，上部结构采用××m、××m 预应力混凝土小箱梁。

（9）中桥：××m/××座，上部结构采用××m 预应力混凝土小箱梁。

2. ××标段

该段设桥梁××m/××座，其中：特大桥××m/××座，大桥××m/××座，中桥××m/××座，涵洞××m/××道。主要桥型方案如下：

（1）××特大桥：全长××m，上部结构采用××m、××m 预应力混凝土小箱梁，××m 超高性能混凝土梁，下部结构采用钢筋混凝土盖梁双柱墩。

（2）××特大桥：全长××m，上部结构采用××m、××m 预应力混凝土小箱梁，下部结构采用钢筋混凝土盖梁双柱墩。

（3）××特大桥西引桥：全长××m，上部结构采用××m、××m 预应力混凝土小箱梁，下部结构采用钢筋混凝土盖梁双柱墩。

（4）××特大桥：全长××m，采用空间双索面四塔混凝土梁斜拉桥，跨径布置为（××+××+××+××+××）m。

①××号、××号、××号索塔基础采用××根直径××m 钻孔灌注桩，桩长分别为××m、××m、××m，按嵌岩桩设计；××号索塔基础采用××根变桩径（桩顶××m 范围桩径××m，其余范围桩径××m）钻孔灌注桩，按摩擦桩设计。承台为圆形，××号、××号、××号索塔承台直径××m，××号索塔承台直径××m，承台厚××m（不含封底混凝土厚）。四个索塔均采用复合材料防撞护舷作为防撞设施。

②索塔采用带锯齿装饰的空心矩形截面“凤凰钻石”混凝土塔，××号、××号、××号、××号索塔总高度分别为××m、××m、××m、××m（承台以上）。

③主梁采用××混凝土梁，总宽××m，中心梁高××m，斜拉索锚固于混凝土梁端部。

④斜拉索采用××MPa 平行钢丝成品索。

（5）××特大桥东引桥：全长××m，上部结构采用××m、××m 预应力混凝土小箱梁，下部结构采用钢筋混凝土盖梁双柱墩。

……

（9）一般大桥：××m/×座，上部结构采用××m 预应力混凝土小箱梁。

（10）中桥：××m/××座，上部结构采用××m 预应力混凝土小箱梁。

（四）交叉工程

1. 互通立交

全线设××、××（枢纽）、××、互通立交××处，规划预留设置条件××（枢纽）、××（枢纽）互通立交××处。

（1）××标段

设××、××（枢纽）互通立交共××处，规划预留××（枢纽）互通立交××处。

①××互通立交：连接湖岸西路，采用变异T形立交方案。主线长××km，其中桥梁××m/××座。匝道长××km，其中桥梁××m/××座。

②××（枢纽）立交：连接××大道，采用涡轮复合型方案。主线长××km，其中桥梁××m/××座。匝道长××km，其中桥梁××m/××座。被交路××高速公路改造长度为××km；被交路××大道改造长度为××km，其中桥梁××m/××座。

……

⑤××（枢纽）互通立交：连接××高速公路，采用复合型互通方案。主线长××km，均为桥梁。匝道总长××km，其中桥梁××m/××座。被交路××高速公路改造长度为××km，其中拼宽桥梁××m/××座。被交路省道××线改造长度为××km，包括既有收费广场改造匝道长××km；与省道××线连接由平面交叉改为T形互通立交形式，新建匝道长××km，其中桥梁××m/××座，同时加宽改造省道××线××km。

（2）××标段

设××、××（枢纽）互通立交××处，规划预留设置条件××北（枢纽）互通立交×处。

①××（枢纽）互通立交：连接××高速公路，采用单环匝道混合式（湖南往湛江方向的右转匝道采用绕行匝道）。主线长××km，均为桥梁。匝道长××km，其中桥梁××m/××座。被交路××高速公路改造长度为××km，其中加宽桥梁××m/××座。

②××互通立交：连接省道××线，采用T形单喇叭+菱形方案。主线长××km，其中桥梁××m/××座。匝道长××km，其中桥梁××m/××座。被交路省道××线改造长度为××km，其中桥梁××m/××座。

……

2. 天桥

××标段设天桥××m/××座。上部结构采用××m、××m预应力混凝土小箱梁。

3. 连接线工程：××km/××处

××连接线路线总长××km，采用设计速度××km/h的双向××车道道一级公路技术标准，路基宽度为××m。设置中桥××m/××座，涵洞××道，平面交叉××处。

（五）管理、养护及服务房屋

项目全线共设管理中心××处、服务区××处、停车区××处、集中住宿区××处、养护工区××处，匝道收费站××处（收费车道××条）。报送初步设计管理、养护及服务房屋总建筑面积××m^2（含收费站雨棚××m^2）。

四、初步设计概算审核意见

报送初步设计概算基本按交通运输部现行《公路工程建设工程概算预算编制办法》和广东省交通运输厅有关补充规定进行编制，但存在××，具体审核意见如下：

（一）建筑安装工程费

……

（二）土地使用及拆迁补偿费

……

（三）工程建设其他费用

……

（四）预备费

……

经审核，报送××工程初步设计概算费用为×× 万元（不含建设期贷款利息，含水田占补平衡指标预购费用××万元和耕地占补平衡指标预购费用××万元），核减费用××万元，核定项目初步设计概算××万元（不含建设期贷款利息，暂列水田占补平衡指标预购费用××万元和耕地占补平衡指标预购费用××万元，含辅道工程费用，详见附表），平均每公路公里造价为××万元。

五、规模和造价对比

审核核定项目初步设计概算费用为××万元，对比批复的投资估算××万元，减少约××万元，减幅约××%。变化的主要原因是××。

（一）建筑安装工程费

……（描述规模的变化引起费用的变化）

（二）征地拆迁补偿引起的费用增减

……（描述数量、单价的变化引起费用的变化）

（三）材料价格和预备费

……

六、其他

（描述其他说明）

附件：1. 对比分析情况汇总表
　　　2. 总概算审核对比表

××公司（盖章）
20××年××月××日

对比分析情况汇总表

建设项目名称：　　　　　　　　　　编制范围：　　　　　　　　　　**概审 01 表**

一、建安工程费

1. 造价对比情况

编制建安费用××万元；审核建安费用为××万元，审核增加（或减少）费用××万元，约为编制建安费用的××%。

2. 人工材料单价及费率的影响

套用编制概算材料单价和费率后，审核建安费用为××万元，对比编制概算建安费增加（或减少）约××万元，占审核增加（或减少）费用的××%。

3. 其他影响

在相同人工、材料单价、费率下，编制概算建安费为××万元，审核概算建安费为××万元，审核增加（或减少）费用××万元，主要为：

（1）定额工程量错误导致的费用增加（或减少）

（2）定额调整差异导致的费用增加（或减少）

（3）其他

二、其他费用

编制：　　　　　　　　　　　　　　　　　　复核：

总概算审核对比表

建设项目名称：

编制范围：

概审02表

工程或费用编码	工程或费用名称	单位	编制			增减			审核			备注
			数量	金额	技术经济指标	数量	金额	技术经济指标	数量	金额	技术经济指标	

填表说明：

一个建设项目分若干单项工程编制概算时，应分别编制汇总和单项工程总概算审核对比表。

编制： 复核：

3

施工图预算文件

3.1 编制文件

××公路工程施工图设计预算

(K×× + ××× ~ K×× + ×××)

第　册　　共　册

编制单位：

编制时间：××××年××月××日

(封面)

××公路工程施工图设计预算

（K××+×××~K××+×××）

第　册　　共　册

编 制 人：　　（签字并盖章）

复 核 人：　　（签字并盖章）

编制单位：　　　（盖章）

编制时间：××××年××月××日

（扉页）

目　录

主要技术经济指标汇总表

建设项目名称：

编制范围：　　　　　　　　　　　　　　　　　　　第　页　共　页　　　　**预总00表**

指标编码	指 标 名 称	单位	信息或工程量	费用(万元)	技术经济指标（单价）	各项费用比例（%）	备　注
Z-0	项目基本信息	公路公里		—	—	—	
Z-001	工程所在地	—		—	—	—	地级市行政地名
Z-002	地形类别	—		—	—	—	
Z-003	新建/改(扩)建	—		—	—	—	按立项确定的性质
Z-004	公路技术等级	—		—	—	—	
Z-005	设计速度	km/h		—	—	—	
Z-006	路面类型及结构层厚度	—		—	—	—	
Z-007	路基宽度	m		—	—	—	路基标准横断面宽度
Z-008	桥梁宽度	m					
Z-009	隧道净宽	m					
Z-010	路线长度	公路公里		—	—	—	
Z-011	桥梁长度	km		—	—	—	
Z-012	隧道长度	km		—	—	—	
Z-013	桥隧比例	%		—	—	—	
Z-014	互通式立体交叉数量	km/处		—	—	—	
Z-015	支线、联络线长度	km		—	—	—	
Z-016	辅道、连接线长度	km		—	—	—	
1	建筑安装工程费	公路公里					
101	临时工程	公路公里					
102	路基工程	km					
10202	路基挖方	m^3					

主要技术经济指标汇总表

建设项目名称：

编制范围：　　　　　　　　　　　　第　页　共　页　　　　　　续上表

指标编码	指标名称	单位	信息或工程量	费用(万元)	技术经济指标（单价）	各项费用比例（%）	备　注
10203	路基填方	m^3					
10205	特殊路基处理	km					
10206	排水工程	km					
10207	路基防护与加固工程	km					
103	路面工程	km					
10301	沥青混凝土路面	m^2					
10302	水泥混凝土路面	m^2					
104	桥梁涵洞工程	km					
10401	涵洞工程	m/道					
10402	小桥工程	m/座					
10403	中桥工程	m/座					
10404	大桥工程	m/座					
10405	特大桥工程	m/座					
105	隧道工程	km/座					
10501	连拱隧道	km/座					
10502	小净距隧道	km/座					
10503	分离式隧道	km/座					
10504	下沉式隧道	km/座					
10505	沉管隧道	km/座					
10506	盾构隧道	km/座					
10507	其他形式隧道	km/座					

主要技术经济指标汇总表

建设项目名称：

编制范围：　　　　　　　　　　　　　　　　第　页　共　页　　　　　　续上表

指标编码	指 标 名 称	单位	信息或工程量	费用(万元)	技术经济指标（单价）	各项费用比例（%）	备　注
106	交叉工程	处					
10601	平面交叉	处					
10602	通道	m/处					
10603	天桥	m/座					
10605	分离式立体交叉	km/处					
10606	互通式立体交叉	km/处					
10606-1	主线路基工程	km					
10606-2	主线路面工程	km					
10606-3	互通主线桥	m/座					
10606-4	匝道路基工程	km					
10606-5	匝道路面工程	km					
10606-6	匝道桥	m/座					
107	交通工程及沿线设施	公路公里					
10701	交通安全设施	公路公里					
10702	收费系统	车道/处					
10703	监控系统	公路公里					
10704	通信系统	公路公里					
10705	隧道机电工程	km/座					
10706	供电及照明系统	km					
10707	管理、养护、服务房建工程	m^2/处					
1070701	管理中心	m^2/处					

主要技术经济指标汇总表

建设项目名称：

编制范围：　　　　第　页　共　页　　　　续上表

指标编码	指标名称	单位	信息或工程量	费用(万元)	技术经济指标(单价)	各项费用比例(%)	备注
1070702	养护工区	m^2/处					
1070703	服务区	m^2/处					
1070704	停车区	m^2/处					
1070705	收费站	m^2/处					
1070706	收费天棚	m^2/车道					
108	绿化及环境保护工程	公路公里					
109	其他工程	公路公里					
10901	联络线、支线工程	km/处					
10902	连接线工程	km/处					
10903	辅道工程	km/处					
10904	改路工程	km/处					
10905	改河、改沟、改渠	m/处					
110	专项费用	万元					
2	土地使用及拆迁补偿费	公路公里					
201	土地使用费	亩					
20101	永久征用土地	亩					
20102	临时用地	亩					
20103	水田占补平衡费	亩					
20104	耕地占补平衡费	亩					
202	拆迁补偿费	公路公里					
203	其他补偿费	公路公里					

主要技术经济指标汇总表

建设项目名称：

编制范围：　　　　第　页　共　页　　　　续上表

指标编码	指 标 名 称	单位	信息或工程量	费用（万元）	技术经济指标（单价）	各项费用比例（%）	备　注
3	工程建设其他费	公路公里					
301	建设项目管理费	公路公里					
302	研究试验费	公路公里					
303	建设项目前期工作费	公路公里					
304	专项评价（估）费	公路公里					
307	工程保通管理费	公路公里					
4	预备费	公路公里					
6	建设期贷款利息	公路公里					
7	公路基本造价	公路公里					
Z-7	项目主材消耗						
Z-701	人工	工日					
Z-702	钢材	t					
Z-703	水泥	t					
Z-704	沥青	t					
Z-705	砂	m^3					
Z-706	石料	m^3					
Z-707	汽油	kg					
Z-708	柴油	kg					
Z-709	重油	kg					
Z-710	电	kW·h					

编制：　　　　复核：

总预算汇总表

建设项目名称：　　　　　　　　　　　　　第　页　共　页　　　　**预总 01 表**

工程或费用编码	工程或费用名称	单位	总数量										总金额（元）	全路段技术经济指标	各项费用比例（%）
				数量	金额（元）	技术经济指标	数量	金额（元）	技术经济指标	数量	金额（元）	技术经济指标			

填表说明：

1. 一个建设项目分若干单项工程编制预算时，应通过本表汇总全部建设项目预算金额。
2. 本表反映一个建设项目的各项费用组成、预算总值和技术经济指标。
3. 本表工程或费用编码、工程或费用名称、单位、总数量、预算金额应由各单项或单位工程总预算表（预 01 表）转来，分部、项、子项应保留《广东省公路工程全过程造价管理标准项目表》中预算列所示的标准费用项目，其他可视需要增减。
4. “全路段技术经济指标”以各金额汇总合计除以相应总数量计算；“各项费用比例”以汇总的各项目公路工程造价除以公路基本造价合计计算。

编制：　　　　　　　　　　　　　　　　　　　　复核：

标准费用项目前后阶段对比表

建设项目名称：　　　　　　　　　　第　页　共　页　　　　预总比 01 表

工程或费用编码	工程或费用名称	单位	本阶段施工图预算			上阶段设计（批复）概算			费用变化		备注
			数量	单价	金额	数量	单价	金额	金额	比例（%）	
1	2	3	4	5 = 6 ÷ 4	6	7	8 = 9 ÷ 7	9	10 = 6 − 9	11 = 10 ÷ 9	12

填表说明：

1. 本表反映一个建设项目的前后阶段各项费用组成。
2. 本阶段和上阶段费用均从各阶段预总 01 表转入。

编制：　　　　　　　　　　　　　　　　复核：

人工、材料、设备、机械的数量、单价汇总表

建设项目名称：　　　　　　　　　　第　页　共　页　　　　预总02表

序号	编码	名称	单位	单价（元）	总数量	编制范围								备注（规格）

编制：　　　　　　　　　　　　　　　　　　复核：

主要技术经济指标表

建设项目名称：

编制范围：　　　　　　　　　　　　　　　　　　　　　第　页　共　页　　　　预 00 表

指标编码	指 标 名 称	单位	信息或工程量	费用（万元）	技术经济指标（单价）	各项费用比例（%）	备　注
Z-0	项目基本信息	公路公里		—	—	—	
Z-001	工程所在地	—		—	—	—	地级市行政地名
Z-002	地形类别	—		—	—	—	
Z-003	新建/改（扩）建	—		—	—	—	按立项确定的性质
Z-004	公路技术等级	—		—	—	—	
Z-005	设计速度	km/h		—	—	—	
Z-006	路面类型及结构层厚度	—		—	—	—	
Z-007	路基宽度	m		—	—	—	路基标准横断面宽度
Z-008	桥梁宽度	m					
Z-009	隧道净宽	m					
Z-010	路线长度	公路公里		—	—	—	不含连接线
Z-011	桥梁长度	km		—	—	—	
Z-012	隧道长度	km		—	—	—	
Z-013	桥隧比例	%		—	—	—	
Z-014	互通式立体交叉数量	km/处		—	—	—	
Z-015	支线、联络线长度	km		—	—	—	
Z-016	辅道、连接线长度	km		—	—	—	
1	建筑安装工程费	公路公里					
101	临时工程	公路公里					
102	路基工程	km					

主要技术经济指标表

建设项目名称：

编制范围：　　　　　　　　　　　　第　页　共　页　　　　续上表

指标编码	指标名称	单位	信息或工程量	费用（万元）	技术经济指标（单价）	各项费用比例（%）	备注
10202	路基挖方	m^3					
10203	路基填方	m^3					
10205	特殊路基处理	km					
10206	排水工程	km					
10207	防护与加固工程	km					
103	路面工程	km					
10301	沥青混凝土路面	m^2					
10302	水泥混凝土路面	m^2					
104	桥梁涵洞工程	km					
10401	涵洞工程	m/道					
10402	小桥工程	m/座					
10403	中桥工程	m/座					
10404	大桥工程	m/座					
10405	特大桥工程	m/座					
105	隧道工程	km/座					
10501	连拱隧道	km/座					
10502	小净距隧道	km/座					
10503	分离式隧道	km/座					
10504	下沉式隧道	km/座					
10505	沉管隧道	km/座					

主要技术经济指标表

建设项目名称：
编制范围：　　　　　　　　　　　　　第　页　共　页　　　　续上表

指标编码	指标名称	单位	信息或工程量	费用（万元）	技术经济指标（单价）	各项费用比例（%）	备注
10506	盾构隧道	km/座					
10507	其他形式隧道	km/座					
106	交叉工程	处					
10601	平面交叉	处					
10602	通道	m/处					
10603	天桥	m/座					
10605	分离式立体交叉	km/处					
10606	互通式立体交叉	km/处					
10606-1	主线路基工程	km					
10606-2	主线路面工程	km					
10606-3	互通主线桥	m/座					
10606-4	匝道路基工程	km					
10606-5	匝道路面工程	km					
10606-6	匝道桥	m/座					
107	交通工程及沿线设施	公路公里					
10701	交通安全设施	公路公里					
10702	收费系统	车道/处					
10703	监控系统	公路公里					
10704	通信系统	公路公里					
10705	隧道机电工程	km/座					

主要技术经济指标表

建设项目名称：

编制范围：　　　　第　页　共　页　　　续上表

指标编码	指标名称	单位	信息或工程量	费用（万元）	技术经济指标（单价）	各项费用比例（%）	备注
10706	供电及照明系统	km					
10707	管理、养护、服务房建工程	m^2/处					
1070701	管理中心	m^2/处					
1070702	养护工区	m^2/处					
1070703	服务区	m^2/处					
1070704	停车区	m^2/处					
1070705	收费站	m^2/处					
1070706	收费天棚	m^2/车道					
108	绿化及环境保护工程	公路公里					
109	其他工程	公路公里					
10901	联络线、支线工程	km/处					
10902	连接线工程	km/处					
10903	辅道工程	km/处					
10904	改路工程	km/处					
10905	改河、改沟、改渠	m/处					
110	专项费用	万元					
2	土地使用及拆迁补偿费	公路公里					
201	土地使用费	亩					
20101	永久征用土地	亩					
20102	临时用地	亩					

主要技术经济指标表

建设项目名称：

编制范围：　　　　第　页　共　页　　　　续上表

指标编码	指标名称	单位	信息或工程量	费用（万元）	技术经济指标（单价）	各项费用比例（%）	备注
20103	水田占补平衡费	亩					
20104	耕地占补平衡费	亩					
202	拆迁补偿费	公路公里					
203	其他补偿费	公路公里					
3	工程建设其他费	公路公里					
301	建设项目管理费	公路公里					
302	研究试验费	公路公里					
303	建设项目前期工作费	公路公里					
304	专项评价（估）费	公路公里					
307	工程保通管理费	公路公里					
4	预备费	公路公里					
6	建设期贷款利息	公路公里					
7	公路基本造价	公路公里					
Z-7	项目主材消耗						
Z-701	人工	工日					
Z-702	钢材	t					
Z-703	水泥	t					
Z-704	沥青	t					
Z-705	砂	m^3					
Z-706	石料	m^3					

主要技术经济指标表

建设项目名称：

编制范围：　　　　　　　　　　　　　　　　第　页　共　页　　　　续上表

指标编码	指标名称	单位	信息或工程量	费用（万元）	技术经济指标（单价）	各项费用比例（%）	备注
Z-707	汽油	kg					
Z-708	柴油	kg					
Z-709	重油	kg					
Z-710	电	kW · h					

编制：　　　　　　　　　　　　　　　　　　复核：

总预算表

建设项目名称：

编制范围：　　　　　　　　　　　　　　　　　　　第　页　共　页　　　　**预 01 表**

工程或费用编码	工程或费用名称	单位	数量	金额（元）	技术经济指标	各项费用比例（%）	备　注

填表说明：

1. 本表反映一个单项或单位工程的各项费用组成、预算金额、技术经济指标、各项费用比例等。
2. 本表“工程或费用编码”“工程或费用名称”“单位”等应按《广东省公路工程全过程造价管理标准费用项目表》中预算列的编号及内容填写。
3. “数量”“金额”由建筑安装工程费计算表（预 03 表）、专项费用计算表（预 06 表）、土地使用及征拆补偿费计算表（预 07 表）、工程建设其他费计算表（预 08 表）转来。
4. “技术经济指标”以各项目金额除以相应数量计算；“各项费用比例”以各项金额除以公路基本造价计算。

编制：　　　　　　　　　　　　　　　　　　　　复核：

人工、材料、设备、机械的数量、单价表

建设项目名称：

编制范围：　　　　　　　　　　　　　　　　　　　　　　　　第　页　共　页　　　　预 02 表

序号	编码	名　称	单位	单价（元）	总数量	分项统计						场外运输损耗		备注（规格）
												%	数量	

编制：　　　　　　　　　　　　　　　　　　　　　　　　　　复核：

建筑安装工程费计算表

建设项目名称：

编制范围：　　　　　　　　　　　　　　第　页　共　页　　　预 03 表

序号	工程或费用编码	工程或费用名称	单位	工程量	定额直接费（元）	定额设备购置费（元）	直接费（元）				设备购置费	措施费	企业管理费	规费	利润（元）	税金（元）	金额合计（元）	
							人工费	材料费	施工机械使用费	合计					费率（%）	税率（%）	合计	单价
1	2	3	4	5	6	7	8	9	10	11	12	13	14	15	16	17	18	19
合计																		

填表说明：

1. 本表各栏数据由预 05 表、预 06 表、预 21-2 表经计算转来。
2. 本表中除列出具体分项外，还应列出子项（如临时工程、路基工程、路面工程……），并将子项下的具体分项的费用进行汇总。
3. “工程或费用编码”“工程或费用名称”“单位”应按本指南附录 B 中预算列的编号及内容填写。

编制：　　　　　　　　　　　　　　复核：

综合费率计算表

建设项目名称：

编制范围：　　　　第　页　共　页　　**预 04 表**

序号	工程类别	措施费（%）											企业管理费（%）						规费（%）					
		冬季施工增加费	雨季施工增加费	夜间施工增加费	高原地区施工增加费	风沙地区施工增加费	沿海地区施工增加费	行车干扰施工增加费	施工辅助费	工地转移费	综合费率		基本费用	主副食运费补贴	职工探亲路费	职工取暖补贴	财务费用	综合费率	养老保险费	失业保险费	医疗保险费	工伤保险费	住房公积金	综合费率
											Ⅰ	Ⅱ												
1	2	3	4	5	6	7	8	9	10	11	12	13	14	15	16	17	18	19	20	21	22	23	24	25

填表说明：

本表应根据建设项目具体情况，按《公路工程建设项目概预算编制办法》的有关规定填入数据计算。

其中：12 = 3 + 4 + 5 + 6 + 7 + 8 + 9 + 11；13 = 10；19 = 14 + 15 + 16 + 17 + 18；25 = 20 + 21 + 22 + 23 + 24。

编制：　　　　　　复核：

综合费计算表

建设项目名称：

编制范围：　　　　第　页　共　页　　　**预 04-1 表**

序号	工程名称	措施费											企业管理费						规费					
		冬季施工增加费	雨季施工增加费	夜间施工增加费	高原地区施工增加费	风沙地区施工增加费	沿海地区施工增加费	行车干扰施工增加费	施工辅助费	工地转移费	综合费用		基本费用	主副食运费补贴	职工探亲路费	职工取暖补贴	财务费用	综合费率	养老保险费	失业保险费	医疗保险费	工伤保险费	住房公积金	综合费用
											Ⅰ	Ⅱ												
1	2	3	4	5	6	7	8	9	10	11	12	13	14	15	16	17	18	19	20	21	22	23	24	25

填表说明：

本表应根据建设项目具体分项工程，按《公路工程建设项目概预算编制办法》规定的计算方法分别计算各项费用。

其中：12 = 3 + 4 + 5 + 6 + 7 + 8 + 9 + 11；13 = 10；19 = 14 + 15 + 16 + 17 + 18；25 = 20 + 21 + 22 + 23 + 24。

编制：　　　　　　复核：

设 备 费 计 算 表

建设项目名称：

编制范围：　　　　　　　　　　　　　　第　页　共　页　　　　**预 05 表**

代号	编码	设备名称	规格型号	单位	数量	基价	定额设备购置费（元）	单价（元）	设备购置费（元）	税金（元）	定额设备费（元）	设备费（元）
合计												

填表说明：

本表应根据具体的设备购置清单进行计算，包括设备规格、单位、数量、设备基价、定额设备购置费、设备预算单价、税金以及定额设备费和设备费。设备购置费不计取措施费及企业管理费。

编制：　　　　　　　　　　　　　　复核：

专项费用计算表

建设项目名称：

编制范围：　　　　　　　　　　　　　　　　　　　　第　页　共　页　　　　　预 06 表

序　号	编　码	工程或费用名称	说明及计算式	金额（元）	备　注
		填表说明： 应依据项目按《公路工程建设项目概算预算编制办法》规定的专项费用项目填写，在说明及计算式栏内填写需要说明的内容及计算式。			

编制：　　　　　　　　　　　　　　　　　　　　　　　　　　　　复核：

土地使用及拆迁补偿费计算表

建设项目名称：

编制范围：　　　　　　　　　　　　　　　　　　　第　页　共　页　　　　　　预 07 表

序号	编码	费用名称	单　位	数　量	单价（元）	金额（元）	说明及计算式	备　注

填表说明：

本表按规定填写单位、数量、单价和金额；说明及计算式栏内应注明标准及计算式；子项下边有分项的，可以按顺序依次往下编码。

编制：　　　　　　　　　　　　　　　　　　　　　　　　复核：

土地使用费计算表

建设项目名称：　　　　行政区域名称：　　　　编制范围：　　　　第　页　共　页　　　　预 07-1 表

序号	工程或费用编码	地类	面积	土地补偿和安置补助费	青苗补偿费	征地税费			被征地农民养老保险	留用地折算货币补偿			委托地方政府包干经费	其他	综合指标	费用
						耕地占用税	耕地开垦费	森林植被恢复费		留用地面积比例	工业用地基准价	留用地费		……		
			(亩)	(万元/亩)	(万元/亩)	(万元/亩)	(万元/亩)	(万元/亩)	(万元/亩)	(%)	(元/m^2)	(万元/亩)	(万元/亩)	(万元/亩)	(万元/亩)	(万元)
1	2	3	4	5	6	7	8	9	10	11	12	13 = 11 × 12 × 666.67 ÷ 10000	14	15	16 = 5 + 6 + 7 + 8 + 9 + 10 + 13 + 14 + 15	17 = 4 × 6
1	201	土地使用费														
2	20101	永久征用土地														
3	2010101	耕地														
3.1	201010101	水田														
3.2	201010102	水浇地														
3.3	201010103	旱地														
4	2010102	园地														
5	2010103	林地														
6	2010104	草地														
7	2010105	湿地														
8	2010106	农业设施建设用地														
9	2010107	居住用地														
10	2010108	商业服务业用地														
		……														
合计																

填表说明：

本表适用于永久征用土地使用费的计算，地类划分与实际分项不同时可根据《国土空间调查、规划、用途管制用地用海分类指南（试行）》（自然资办发〔2020〕51 号）进行调整或细化，表内各项费用计列的依据文件及备注如下：

1. 征地补偿费（土地补偿和安置补助费）：……
2. 青苗补偿费：……
3. 耕地占用税：……
4. 耕地开垦费：……
5. 森林植被恢复费：……
6. 被征地农民养老保险：……
7. 留用地折算货币补偿：……
8. 委托地方政府包干经费：……
9. 其他：……

编制：　　　　　　　　复核：

工程建设其他费计算表

建设项目名称：

编制范围：　　　　　　　　　　第　页　共　页　　　　预 08 表

序　号	编　码	费用名称及项目	说明及计算式	金额（元）	备　注

填表说明：

本表应按具体发生的其他费用项目填写，需要说明和具体计算的费用项目依次相应在说明及计算式栏内填写或具体计算，各项费用具体填写如下：

1. 建设项目管理费包括建设单位（业主）管理费、建设项目信息化费、工程监理费、设计文件审查费、竣（交）工验收试验检测费，按现行《公路工程建设项目概算预算编制办法》（JTG 3830）规定的计算基数、费率、方法或有关规定列式计算。
2. 研究试验费应根据设计需要进行研究试验的项目分别填写项目名称及金额或列式计算或进行说明。
3. 建设项目前期工作费按现行《公路工程建设项目概算预算编制办法》（JTG 3830）规定的计算基数、费率、方法计算。
4. 专项评价（估）费、联合试运转费、生产准备费、工程保通管理费、工程保险费、预备费、建设期贷款利息等其他费用根据现行《公路工程建设项目概算预算编制办法》（JTG 3830）规定或国家有关规定依次类推计算。

编制：　　　　　　　　　　复核：

分项工程预算计算数据表

建设项目名称：

编制范围：　　　　标准定额库版本号：　　　　校验码：　　　　第　页　共　页　　　　预 21-1 表

标准费用编码/定额代号/工料机代号	项目、定额或工料机的名称	单位		数量		输入单价	输入金额	分项组价类型或定额子目取费类别	定额调整情况或分项算式

填表说明：

1. 本表应逐行从左到右横向跨栏填写。
2. “标准费用编码”“定额代号”“工料机代号”等应根据实际需要按《广东省公路工程全过程造价管理标准费用项目表》及现行《公路工程预算定额》（JTGT 383/2）的相关内容填写。
3. 本表主要是为利用计算机软件编制预算提供分项组价基础数据，列明工程项目全部计算分项的组价参数；分项组价类型包括：输入单价、输入金额、算式列表、费用列表和定额组价五类；定额调整情况分配合比调整、钢筋调整、抽换、乘系数、综合调整等，非标准补充定额列出其工料机及其消耗量；具体填表规则由软件用户手册详细制定。
4. 标准定额库版本号由公路工程造价依据信息平台和最新的标准定额库一起发布，造价软件接收后直接输出。
5. 校验码对由定额库版本号加密生成，由公路工程造价依据信息平台与定额库版本号同时发布，造价软件直接输出。为便于校验，造价软件可按条形码形式输出。

编制：　　　　　　　　　　复核：

分项工程预算表

编制范围：

分项编号： 工程名称： 单位： 数量： 单价： 第 页 共 页 预 21-2 表

代号	工程项目												合计	
	工程细目													
	定额单位													
	工程数量													
	定额表号													
	工、料、机名称	单位	单价（元）	定额	数量	金额（元）	定额	数量	金额（元）	定额	数量	金额（元）	数量	金额(元)
1	人工	工日												
2	……													
	直接费	元												
	措施费 I	元												
	措施费 Ⅱ	元												
	企业管理费	元			%			%			%			
	规费	元			%			%			%			
	利润	元			%			%			%			
	税金	元			%			%			%			
	金额合计	元												

填表说明：

1. 本表按具体分项工程项目数量、对应预算定额子目填写，单价由预 02 表转来，金额 = ∑工、料、机各项的单价×定额×数量。
2. 措施费、企业管理费按相应项目的定额人工费与定额施工机械使用费之和或定额直接费×规定费率计算。
3. 规费按相应项目的人工费×规定费率计算。
4. 利润按相应项目的（定额直接费 + 措施费 + 企业管理费）×利润率计算。
5. 税金按相应项目的（直接费 + 措施费 + 企业管理费 + 规费 + 利润）×税率计算。
6. 措施费、企业管理费、规费、利润、税金对应定额列填入相应的计算基数，数量列填入相应的费率。

编制： 复核：

材料预算单价计算表

建设项目名称：

编制范围：　　　　　　　　　　　　　　　　　　　　第　页　共　页　　　　预22表

代号	规格名称	单位	原价（元）	运杂费					原价运费合计（元）	场外运输损耗		采购及保管费		预算单价（元）
				供应地点	运输方式比重及运距	毛质量系数或单位毛质量	运杂费构成说明或计算式	单位运费（元）		费率（%）	金额（元）	费率（%）	金额（元）	

填表说明：

1. 本表计算各种材料的预算单价，包括自供应地点或料场至工地的全部运杂费、材料原价及其他费用。
2. 运输方式按火车、汽车、船舶等及所占运输比重填写。
3. 毛质量系数、场外运输损耗、采购及保管费按规定填写。
4. 根据材料供应地点、运输方式、运输单价、毛质量系数等，通过运杂费构成说明或计算式，计算得出材料单位运费。
5. 材料原价与单位运费、场外运输损耗、采购及保管费组成材料预算单价。

编制：　　　　　　　　　　　　　　　　　　　　　　　　复核：

自采材料料场价格计算表

编制范围：

自采材料名称：　　　单位：　　　数量：　　　料场价格：　　　第　页　共　页　　　预 23-1 表

代号	工程项目												合　计	
	工程细目													
	定额单位													
	工程数量													
	定额表号													
	工、料、机名称	单位	单价（元）	定额	数量	金额（元）	定额	数量	金额（元）	定额	数量	金额（元）	数量	金额（元）
	直接费	元												
	辅助生产间接费	元			%			%			%			
	高原取费	元			%			%			%			
金额合计		元												

填表说明：

1. 本表主要用于分析计算自采材料料场价格，应将选用的定额人工、材料、施工机械台班数量全部列出，包括相应的工、料、机单价。
2. 材料规格用途相同而生产方式（如人工捶碎石、机械轧碎石）不同时，应分别计算单价，再以各种生产方式所占比重根据合计价格加权平均计算料场价格。
3. 定额中施工机械台班有调整系数时，应在本表内计算。
4. 辅助生产间接费、高原取费对应定额列填入相应的计算基数，数量列填入相应的费率。

编制：　　　　　　　　　　　　复核：

材料自办运输单位运费计算表

编制范围：

自采材料名称：　　　　单位：　　　　数量：　　　　单位运费：　　　　第　页　共　页　　　　预 23-2 表

代号	工程项目												合　计	
	工程细目													
	定额单位													
	工程数量													
	定额表号													
	工、料、机名称	单位	单价（元）	定额	数量	金额（元）	定额	数量	金额（元）	定额	数量	金额（元）	数量	金额（元）
	直接费	元												
	辅助生产间接费	元			%			%			%			
	高原取费	元			%			%			%			
金额合计		元												

填表说明：

1. 本表主要用于分析计算材料自办运输单位运费，应将选用的定额人工、材料、施工机械台班数量全部列出，包括相应的工、料、机单价。
2. 材料运输地点或运输方式不同时，应分别计算单价，再按所占比重加权平均计算材料运输价格。
3. 定额中施工机械台班有调整系数时，应在本表内计算。
4. 辅助生产间接费、高原取费对应定额列填入相应的计算基数，数量列填入相应的费率。

编制：　　　　　　　　　　　　　　　　复核：

施工机械台班单价计算表

建设项目名称：

编制范围：　　　　　　　　　　　　　　　　第　页　共　页　　　　预 24 表

序号	代号	规格名称	台班单价（元）	不变费用（元）		可变费用（元）																	
				调整系数：		人工：		汽油：		柴油：		重油：		煤：		电：		水：		木柴：		车船税	合计
						（元/工日）		（元/kg）		（元/kg）		（元/kg）		（元/t）		［元/（kW·h）］		（元/m^3）		（元/kg）			
				定额	调整值	定额	金额	定额	金额	定额	金额	定额	金额	定额	金额	定额	金额	定额	金额	定额	金额		

填表说明：

1. 本表应根据现行《公路工程机械台班费用定额》（JTG/T 3833）进行计算。不变费用如有调整系数应填入调整值；可变费用各栏填入定额数量。
2. 人工、动力燃料的单价由材料预算单价计算表（预 22 表）转来。

编制：　　　　　　　　　　　　　　　　　　　　复核：

辅助生产人工、材料、施工机械台班单位数量表

建设项目名称：

编制范围：　　　　　　　　　　　　　　　　第　页　共　页　　　　**预 25 表**

序号	规格名称	单位	人工（工日）						

填表说明：

本表各栏数据由自采材料料场价格计算表（预 23-1 表）和材料自办运输单位运费计算表（预 23-2 表）统计而来。

编制：　　　　　　　　　　　　　　　　　　　　　　复核：

标段划分情况表

建设项目名称：

预辅01表

序号	标段名称	标段类别	起讫桩号	工程规模（如路线长度）	工程范围及内容	备注

编制：　　　　复核：

本阶段造价执行情况表

建设项目名称：　　　　　　　　　　　　第　页　共　页　　　　**预辅 02 表**

工程或费用编码	工程或费用名称	单位	施工图预算		对应本次概算拆分		费用变化		项目至本次累计		项目批复概算		备注
			数量	金额	数量	金额	金额	比例（%）	预算金额	概算金额	数量	金额	
1	2	3	4	5	6	7	8 = 5 − 7	9 = 8 ÷ 7	10	11	12	13	14
101	临时工程												
102	路基工程												
103	路面工程												
104	桥梁涵洞工程												
105	隧道工程												
106	交叉工程												
107	交通工程及沿线设施												
108	绿化及环境保护工程												
109	其他工程												
110	专项费用												

填表说明：

1. 本表反映一个建设项目的前后阶段各项费用组成。
2. 本表数据分别从预总 01 表和概总 01 表转入。

编制：　　　　　　　　　　　　　　　　复核：

主要技术标准及工程规模统计表

建设项目名称：　　　　　　　　　　　　　　　　　　　　　　　　　　　预辅03表

<table>
<tr><th>序　号</th><th colspan="2">名　称</th><th>单　位</th><th colspan="5">信息或工程量</th></tr>
<tr><td>一</td><td colspan="2">项目基本信息</td><td>公路公里</td><td colspan="5"></td></tr>
<tr><td>1</td><td colspan="2">工程所在地</td><td></td><td colspan="5"></td></tr>
<tr><td>2</td><td colspan="2">地形类别</td><td></td><td colspan="5"></td></tr>
<tr><td>3</td><td colspan="2">新建/改(扩)建</td><td></td><td colspan="5"></td></tr>
<tr><td>4</td><td colspan="2">公路技术等级</td><td>级</td><td colspan="5"></td></tr>
<tr><td>5</td><td colspan="2">设计速度</td><td>km/h</td><td colspan="5"></td></tr>
<tr><td>6</td><td colspan="2">路面类型及结构层厚度(水泥/沥青)</td><td>cm</td><td colspan="5"></td></tr>
<tr><td>7</td><td colspan="2">路基宽度</td><td>m</td><td colspan="5"></td></tr>
<tr><td>8</td><td colspan="2">路线长度</td><td>公路公里</td><td colspan="5"></td></tr>
<tr><td>9</td><td colspan="2">桥梁长度</td><td>km</td><td colspan="5"></td></tr>
<tr><td>10</td><td colspan="2">隧道长度</td><td>km</td><td colspan="5"></td></tr>
<tr><td>11</td><td colspan="2">桥隧比例</td><td>%</td><td colspan="5"></td></tr>
<tr><td>12</td><td colspan="2">互通式立体交叉数量</td><td>km/处</td><td colspan="5"></td></tr>
<tr><td>13</td><td colspan="2">支线、联络线长度</td><td>km</td><td colspan="5"></td></tr>
<tr><td>14</td><td colspan="2">辅道、连接线长度</td><td>km</td><td colspan="5"></td></tr>
<tr><td rowspan="2">二</td><td colspan="3">标段名称</td><td>××标</td><td>××标</td><td>××标</td><td>××标</td><td>合计</td></tr>
<tr><td colspan="3">标段类别</td><td>路基标</td><td>桥涵标</td><td>隧道标</td><td>……</td><td></td></tr>
<tr><td>1</td><td colspan="3">起讫桩号</td><td></td><td></td><td></td><td></td><td></td></tr>
<tr><td>2</td><td colspan="3">路线长度(km)</td><td></td><td></td><td></td><td></td><td></td></tr>
<tr><td>3</td><td colspan="3">桥隧比(%)</td><td></td><td></td><td></td><td></td><td></td></tr>
<tr><td>4</td><td rowspan="2">路基工程</td><td>路基长度</td><td>km</td><td></td><td></td><td></td><td></td><td></td></tr>
<tr><td>5</td><td>路基宽度</td><td>m</td><td></td><td></td><td></td><td></td><td></td></tr>
</table>

主要技术标准及工程规模统计表

建设项目名称：

续上表

序号	名称		单位	信息或工程量				
二	标段名称			××标	××标	××标	××标	合计
	标段类别			路基标	桥涵标	隧道标	……	
6	路基工程	路基挖方	m^3					
7		路基填方	m^3					
8		排水圬工	m^3					
9		防护圬工	m^3					
10		特殊路基处理	km					
11	路面工程	水泥混凝土路面	m^2					
12		沥青混凝土路面	m^2					
13	桥涵工程	涵洞	m/座					
14		中小桥	m/座					
15		大桥	m/座					
16		特大桥	m/座					
17	隧道工程	小净距隧道	km/座					
18		分离式隧道	km/座					
19		连拱隧道	km/座					
20		其他隧道	km/座					
21	交叉工程	平面交叉	处					
22		通道	m/处					
23		人行天桥	m/座					
24		渡槽	m/处					
25		分离式立交	km/处					

填表说明：

1. 路基挖方包括路基挖土石方、非适用材料及淤泥的开挖等。路基填方包括路基土石方填筑、结构物台背回填等。
2. 桥隧比 = 主线桥隧长度/主线长度（含互通主线）。

主要技术标准及工程规模统计表

建设项目名称：

续上表

序号	名称				单位	信息或工程量				
二	标段名称					××标	××标	××标	××标	合计
	标段类别					路基标	桥涵标	隧道标	……	
26	交叉工程	互通立交	处数		处					
27			主线	主线长度	km					
28				路基挖方	m^3					
29				路基填方	m^3					
30				排水圬工	m^3					
31				防护圬工	m^3					
32				特殊路基处理	km					
33				水泥混凝土路面	m^2					
34				沥青混凝土路面	m^2					
35				涵洞	m/座					
36				通道	m/处					
37				中小桥	m/座					
38				大桥	m/座					
39				特大桥	m/座					
40			匝道	匝道长度	km					
41				路基挖方	m^3					
42				路基填方	m^3					
43				排水圬工	m^3					
44				防护圬工	m^3					
45				特殊路基处理	km					
46				水泥混凝土路面	m^2					

主要技术标准及工程规模统计表

建设项目名称：　　　　　　　　　　　　续上表

序号	名称				单位	信息或工程量				
二	标段名称					××标	××标	××标	××标	合计
	标段类别					路基标	桥涵标	隧道标	……	
47	交叉工程	互通立交	匝道	沥青混凝土路面	m^2					
48				涵洞	m/座					
49				通道	m/处					
50				中小桥	m/座					
51				大桥	m/座					
52				特大桥	m/座					
53	交通工程	交通安全设施			公路公里					
54		机电设备及安装工程			公路公里					
55		管理养护服务房屋工程	管理中心		处/m^2					
56			养护工区		处/m^2					
57			服务区		处/m^2					
58			停车区		处/m^2					
59			收费站		处/m^2					
60			……							
61			合计		m^2					
62		绿化及环境保护工程			公路公里					
63	其他工程	联络线、支线工程			km/处					
64		连接线工程			km/处					
65		辅道工程			km/处					
	……									

编制：　　　　　　　　　　　　复核：

桥 梁 工 程 规 模 统 计 表

建设项目名称：

预辅 03-1 表

标段名称	桥梁名称		设置位置	河床地质情况	桥型及桥跨组合	桥梁全长（m）	桥梁宽度（m）	桥面面积（m^2）	结构类型			通航等级	备注
									上部构造	下部构造			
										墩柱及基础	桥台及基础		
××标	主线	××特大桥	K××+××～K××+×××	土质河床	左幅：（××× 30+××× 50+…）m 预应力混凝土连续箱梁；右幅：（××× 30+××× 50+…）m 预应力混凝土连续箱梁								
		××大桥	K××+××～K××+×××	土质河床	×× ×30m				填表说明（见表下）				
		××大桥	K××+××～K××+×××	土质河床	×× ×25m								
	互通主线	××特大桥	K××+××～K××+×××	土质河床	×× ×××m								
		××大桥	K××+××～K××+×××	土质河床	×× ×××m								
		××大桥	K××+××～K××+×××	土质河床	×× ×××m								
	小计												
××标	……	……											
	……	……											
	小计												
合计													

填表说明：

1. 桥梁全长：对有桥台的桥梁应为两岸桥台侧墙或八字墙尾端间的距离；对无桥台的桥梁应为桥面系行车道长度。
2. 桥面宽度：行车道加人行道或安全带或桥梁护栏的宽度并计算至外缘。
3. 桥面面积 = 桥梁全长 × 桥面宽度。

编制：　　　　　　　　　　　　　　　　复核：

隧道工程规模统计表

建设项目名称：　　　　　　　　　　　　　　　　第　页　共　页　　　**预辅 03-2 表**

标段名称	隧道等级	隧道名称	隧道类型	围岩情况					洞口形式	通风方式	隧道长度（m）	建筑限界净宽（m）	隧道面积（m^2）
				Ⅰ级围岩（%）	Ⅱ级围岩（%）	Ⅲ级围岩（%）	Ⅳ级围岩（%）	Ⅴ级围岩（%）					
××标	特长隧道	××隧道	分离式（左线××m，右线××m）										
		××隧道	连拱										
	长隧道	××隧道	连拱										
		××隧道	分离式（左线××m，右线××m）										
	中隧道	××隧道											
	短隧道	××隧道											
	小计												
××标	特长隧道	××隧道	分离式（左线××m，右线××m）										
	长隧道	××隧道	连拱										
	中隧道	××隧道											
	短隧道												
	小计												
合计													

填表说明：

1. 分离式隧道长度为双洞平均长度，隧道面积指隧道建筑限界净宽乘以隧道长度。
2. “围岩情况”列填写各类型围岩的大致比例，例如Ⅲ级围岩占 40% 。

编制：　　　　　　　　　　　　　　　　　　　　　　复核：

互 通 工 程 规 模 统 计 表

建设项目名称：　　　　　　　　　　　　　　　　　　　　预辅 03-3 表

标段名称	互通名称	互通形式及跨越方式	起 讫 桩 号	主线											匝道												备注
				主线长度	涵洞		小桥		中桥		大桥		特大桥		匝道长度	匝道宽度	涵洞		小桥		中桥		大桥		特大桥		
				m	m	道	m	座	m	座	m	座	m	座	m	m	m	道	m	处	m	座	m	座	m	座	
××标	××互通		K×× +K×× ~ K×× +K××				填表说明：匝道有多种宽度时，可以“××m/××m/××m”表示。																				
	××互通																										
	××互通																										
小计(共　处)																											
××标	××互通																										
	××互通																										
	××互通																										
小计(共　处)																											
合计(共　处)																											

编制：　　　　　　　　　　　　　　　　　　　　复核：

各阶段主要工程规模对比表

建设项目名称：　　　　　　　　　　　　　　　　　　　　　　　　预辅 04 表

名　称		单位	各阶段主要工程数量			对 比 情 况		备　注
			批复的工可	批复的初步设计	施工图设计	施工图设计与初步设计对比	施工图设计与工可对比	
1		2	3	4	5	6 = 5 − 3	7 = 5 − 4	8
路线全长		km						
主要工程规模	路基挖方	万 m^3						各阶段主要工程数量为主线、互通主线合计数量（不含互通匝道、连接线工程及线外工程）
	路基填方	万 m^3						
	排水圬工	万 m^3						
	防护圬工	万 m^3						
	特殊路基处理	km						
	水泥混凝土路面	万 m^2						
	沥青混凝土路面	万 m^2						
	涵洞	m/道						
	中小桥	m/座						
	大桥	m/座						
	特大桥	m/座						
	小净距隧道	km/座						
	分离式隧道	km/座						
	连拱隧道	km/座						
	其他隧道	km/座						
	平面交叉	处						
	通道	m/处						
	人行天桥	m/座						
	渡槽	m/处						

各阶段主要工程规模对比表

建设项目名称：

续上表

名称		单位	各阶段主要工程数量			对比情况		备注
			批复的工可	批复的初步设计	施工图设计	施工图设计与初步设计对比	施工图设计与工可对比	
主要工程规模	分离式立交	km/处						
	互通式立交	km/处						
	联络线、支线工程	km/处						
	连接线工程	km/处						
	辅道工程	km/处						
服务设施	管理中心	处						占地××亩，建筑面积××m^2（不含收费雨棚投影面积××m^2）
	养护工区	处						
	服务区	处						
	收费站	处						
	停车区	处						
占地	永久征用土地	亩						

编制：　　　　复核：

3.2 审核文件

××公路工程施工图设计预算审核文件

(K×× + ××× ~ K×× + ×××)

审核单位：

审核时间：××××年××月××日

(封面)

××公路工程施工图设计预算审核文件

(K×× + ××× ~ K×× + ×××)

审 核 人：　　(签字并盖章)

复 核 人：　　(签字并盖章)

审核单位：　　(盖章)

审核时间：××××年××月××日

(扉页)

目　录

××工程施工图预算审核意见

20××年××月，广东省交通运输厅以《关于××工程初步设计的批复》（粤交基〔20××〕××号）批复初步设计（以下简称“项目”）。批复路线全长约××km，设计速度××km/h。采用双向四车道高速公路标准建设，路基宽度××m。批复概算为××亿元（含建设期贷款利息××亿元），其中建安费为××亿元。本次审查为除机电、房建工程外的各分项工程，对应批复概算建安费约××亿元。

20××年××月，设计单位××公司完成了项目土建、交安、绿化工程施工图设计。同月，省交通集团有限公司组织了施工图设计审查（粤交集基〔20××〕××号）。20××年××月，设计单位根据专家评审意见完成了项目土建、交安、绿化工程施工图设计的修编以及设计预算的编制。

根据交通运输部《公路工程建设项目概算预算编制办法》（JTG 3830—2018）等，××对送审的施工图预算进行了审查，形成审核意见。

一、工程基本概况

项目起点位于××，接××公路，向东北经××、××，终点与在建××相接。本次审查为项目的土建（含路面）、交安、绿化及环境保护等工程。

二、主要技术标准、建设规模

（一）建设规模

路线总长××km（含虚桩号对应里程××km），共设置主线桥××m/××座，设××、××、××互通立交××处，服务区××处、养护工区××处、匝道收费站××处。

（二）技术标准

采用双向四车道高速公路技术标准，主要技术指标如下：

1. 设计速度：××km/h。
2. 路基宽度：××m。
3. 汽车荷载等级：公路—I级。
4. 设计洪水频率：1/100。
5. 桥涵宽度：与路基同宽。
6. 隧道宽度：××m。
7. 地震动峰值加速度：××g。

三、主要工程数量

主要工程数量见表1。

主要工程数量

表1

名称		单位	数量	说明
主线路线	主线全长	km	××	含虚桩号对应里程××km
	其中：路基长	km	××	含互通主线路基
	桥梁长	km	××	含互通主线桥梁
	隧道长	km	××	
	桥隧比	%	××	扣除虚里程
路基宽度		m	××	
拆除桥涵水泥混凝土		万 m^3	××	
拆除浆砌片石		万 m^3	××	
挖除旧路面		万 m^2	××	
路基工程	计价土石方	万 m^3	××	含主线、互通立交主线及匝道、服务区场区、被交路
	排水防护工程	万 m^3		
	特殊路基处理	km		
路面工程	沥青混凝土面层	万 m^2		含互通主线及匝道
	水泥混凝土面层	万 m^2		含互通主线及匝道
	沥青混凝土桥面铺装	万 m^2		含互通主线及匝道
桥梁工程	涵洞	m/道	××/××	含互通主线
	中、小桥	m/座	××/××	含互通主线
	大桥	m/座	××/××	含互通主线
	特大桥	m/座	××	含互通主线
交叉工程	通道	m/处	××/××	
	人行天桥	m/座	××/××	
	分离式立交	处	××	
	互通立交	处	××	
沿线设施	服务区	处	××	
绿化及环境保护工程	绿化面积	m^2	××	
	声屏障路基段	m/m^2	××/××	
	声屏障桥梁段	m/m^2	××/××	
	隔声窗	m^2	××	

四、施工图预算审核意见

设计单位编制的施工图预算建安费为××万元，审核预算在设计单位编制的建安费××万元基础上进行。

送审预算按交通运输部《公路工程建设项目概算预算编制办法》（JTG 3830—2018）及省厅有关补充规定编制，编制格式基本符合省厅造价标准化文件要求，编制内容基本完整、齐全，与设计图纸工程内容基本符合。但存在××等问题。具体意见如下：

（一）人工、主要材料单价及费率

1. 人工：根据粤交基〔20××〕××号文，××地区人工及机械工工日单价取定为××元/工日。

2. 材料单价：审查采用的主要材料单价参照近期广东交通建设工程主要材料信息价结合地方市场价格情况取定。

3. 费率：按部颁现行编制办法取定，其中规费费率按粤交基〔20××〕××号文的取费标准取定。

（二）建安工程费

××以上问题结合材料单价及费率一并调整。

综上，项目送审施工图预算建安费为××万元，审核核定施工图预算建安费为××万元，核减××万元，减幅为××%。主要是××等调整。

五、造价对比

经核查，对应本次施工图设计范围内的相应批复概算建安费为××万元，本次审核核定的施工图设计预算建安费为××万元，同比批复概算减少××万元，减幅为××%，主要是：施工图设计与初步设计对比，××（描述方案、数量变化）等。

六、其他

……

附件：1. 对比分析情况汇总表

2. 总预算审核对比表

××公司（盖章）

××××年××月××日

对比分析情况汇总表

建设项目名称：　　　　　　　　编制范围：　　　　　　　　预审 01 表

一、建安工程费

1. 造价对比情况

编制建安费用××万元；审核建安费用为××万元，审核增加（或减少）费用××万元，约为编制建安费用的××%。

2. 人工材料单价及费率的影响

套用编制预算材料单价和费率后，审核建安费用为××万元，对比编制预算建安费增加（或减少）约××万元，占审核增加（或减少）费用的××%。

3. 其他影响

在相同人工、材料单价、费率下，编制预算建安费为××万元，审核预算建安费为××万元，审核增加（或减少）费用××万元，主要为：

（1）定额工程量错误导致的费用增加（或减少）

（2）定额调整差异导致的费用增加（或减少）

（3）其他

二、其他费用

编制：　　　　　　　　复核：

总预算审核对比表

建设项目名称：

标段：

编制范围：

预审 02 表

工程或费用编码	工程或费用名称	单位	编制			增减			审核		
			数量	金额	技术经济指标	数量	金额	技术经济指标	数量	金额	技术经济指标

填表说明：

一个建设项目分若干单项工程编制预算时，应分别编制汇总和单项工程总预算审核对比表。

编制：　　　　复核：

4

招标工程量清单文件

××公路工程第××合同段

招标工程量清单

招 标 人：　　　　　（盖章）

编制时间：××××年××月××日

（封面）

××公路工程第××合同段

招标工程量清单

招标人：（盖章）

编 制 人：　（签字并盖章）　　审 核 人：　（签字并盖章）

编制单位：　（盖章）　　审核单位：　（盖章）

编制时间：××××年××月××日　审核时间：××××年××月××日

（扉页）

目　录

工程量清单说明
（示例）

1　工程量清单说明

1.1　本工程量清单根据招标文件中包括的、有合同约束力的图纸以及有关工程量清单的国家标准、行业标准、合同条款中约定的工程量计算规则编制。约定计量规则中没有的子目，其工程量按照有合同约束力的图纸所标示尺寸的理论净量计算。计量采用中华人民共和国法定计量单位。

1.2　本工程量清单应与招标文件中的投标人须知、通用合同条款、专用合同条款、计量支付规则及图纸等结合起来理解或解释。

1.3　本工程量清单中所列工程数量是估算的或设计的预计数量，仅作为投标报价的共同基础，不能作为最终结算与支付的依据。实际支付应按实际完成的工程量，由承包人按计量支付规则规定的计量方法，以监理人认可的尺寸、断面计量，按本工程量清单的单价或总额价计算支付金额；或者，根据具体情况，按合同条款第15.4款的规定，由监理人确定的单价或总额价计算支付额。

1.4　本工程量清单各章是按“计量支付规则”的相应章次编号的，因此，工程量清单中各章的工程子目的范围与计量等应与“计量支付规则”相应章节的范围、计量与支付条款结合起来理解或解释。各章内子目号、子目名称、单位根据我省的实际情况进行调整、补充和修改，编号的基本规则如下：

（1）子目号全部使用数字，子目名称所对应的子目号具有唯一性。

（2）子目在不同章、节之间调整的，按照调整后所属的章、节重新编排；补充同一级子目的，接续原同级子目号依次增加；补充下一级子目的，自阿拉伯数字“1”始开始依次增加。

（3）补充下一级子目的，首先按结构类型、部位、厚度等划分子目，在已按结构类型、部位、厚度等确定的子目下再补充下一级子目的，则按混凝土（或钢筋、浆砌体等）标号、直径、型号、规格、种类等划分。

（4）名称中具有数字的子目应自上至下由小到大编排。

具体划分可参考工程量清单标准格式中“备注栏”中的说明。

1.5　对作业和材料的一般说明或规定，未重复写入工程量清单内，在给工程量清单各子目标价前，应参阅“计量支付规则”的有关内容。

1.6　工程量清单中所列工程量的变动，丝毫不会降低或影响合同条款的效力，也不免除承包人按规定的标准进行施工和修复缺陷的责任。

1.7　图纸中所列的工程数量表及数量汇总表仅是提供资料，不是工程量清单的外延。当图纸与工程量清单所列数量不一致时，以工程量清单所列数量作为报价的依据。

2　投标报价说明

2.1　工程量清单中的每一子目须填入单价或价格，且只允许有一个报价。

2.2　除非合同另有规定，工程量清单中有标价的单价和总额价均已包括了为实施和完成合同工程所需的劳务、材料、机械、质检（自检）、安装、缺陷修复、管理、保险、税费、利润等费用，以及合同明示或暗示的所有责任、义务和一般风险。

2.3 工程量清单中投标人没有填入单价或价格的子目，其费用视为已分摊在工程量清单中其他相关子目的单价或价格之中。承包人必须按监理人指令完成工程量清单中未填入单价或价格的子目，但不能得到结算与支付。

2.4 符合合同条款规定的全部费用应认为已被计入有标价的工程量清单所列各子目之中，未列子目不予计量的工作，其费用应视为已分摊在本合同工程的有关子目的单价或总额价之中。

2.5 承包人用于本合同工程的各类装备的提供、运输、维护、拆卸、拼装等支付的费用，已包括在工程量清单的单价与总额价之中。

2.6 保险费的投保金额为工程量清单第100章（不含安全生产经费、建筑工程一切险及第三方责任险的保险费、暂定金额的总计，机电工程招标时不含设备购置费）至第900章的合计金额，保险费率为×‰。工程量清单第100章内列有保险费的支付子目，投标人根据此保险费率计算出保险费，填入工程量清单。该保险费一般指建筑工程一切险及第三者责任险，除此以外，所投其他保险的保险费均由承包人承担并支付，不在报价中单列。

2.7 工程量清单中各项金额均以人民币（元）结算。

2.8 暂列金额及暂估价的数量及拟用子目的说明：在工程量清单中标明的暂定金额（一般有三种方式：计日工、专项暂估价与一定百分率的暂列金额）是可能发生、也可能不发生的、招标时难以确定的金额，均按《公路工程标准施工招标文件（2018年版）》有关合同条款规定办理。投标价中包括三项暂定金额，是表明投标人一旦中标后，对此有合同义务。暂列金额视具体项目情况一般不超过第100～第900章的5%，特殊项目（施工承包风险较大、不确定因素较多的项目）宜不超过10%。除合同另有规定外，应由监理工程师按《公路工程标准施工招标文件（2018年版）》合同条款有关规定，结合工程具体情况，报经发包人批准后指令全部或部分地使用，或者根本不予动用。

3 计日工说明

参照《公路工程标准施工招标文件（2018年版）》相关内容。

4 其他说明

……

项 目 清 单

建设项目名称：　　　　　　　　　　合同段：

编制范围：　　　　　　　　　　　　　　　　　　第　页　共　页　　　　招清单 1 表

工程或费用编码	清单子目编码	工程或费用名称（或清单子目名称）	单位	数量 1	数量 2	单价 1（元）	单价 2（元）	合价（元）	各项费用比例（%）	备注

编制：　　　　　　　　　　　　　　　　　　　　　复核：

工程量清单-总表

建设项目名称：　　　　　　　　合同段：

编制范围：

招清单 2 表

序号	子目编码	子目名称	金额(元)
1	100	100 章　总则	
2	200	200 章　路基工程	
3	300	300 章　路面工程	
4	400	400 章　桥梁、涵洞工程	
5	500	500 章　隧道工程	
6	600	600 章　交通安全设施	
7	700	700 章　绿化及环境保护工程	填表说明： 材料、工程设备、专业工程暂估价已包含在各章合计中，不应重复计入总价。
8	800	800 章　管理、养护设施	
9	900	900 章　管理、养护及服务房屋	
10	1000	1000 章　其他工程	
	……	……	
	001	各章合计	
	002	计日工合计	
	003	已包含在各章合计中的材料、工程设备、专业工程暂估价合计	
	004	暂列金额	
	005	总价 004 =（001 +002 +003）	

编制：　　　　　　　　复核：

工程量清单-一级子目清单表

建设项目名称：　　　　　　　　　　　　合同段：

编制范围：　　　　　　　　　　　　　　第　页　共　页　　　　招清单 2-1 表

100 章　总　则

清单子目编码	清单子目名称	单　位	数　量	单价(元)	合价(元)
	填表说明： 1. 本表为招标人发布的工程量清单。本表仅示例了第 100 章填写格式，其他章节参照使用。 2. 公路房建工程同时编有子目编码和项目特征编码时，可在子目编码列右侧插入列填写项目特殊编码，格式参见招清单 2-1-1 表(房)。				
清单　第 100 章　合计　　人民币					

编制：　　　　　　　　　　　　　　　　　　复核：

计 日 工 表

建设项目名称： 合同段：

编制范围： 第 页 共 页 招清单 2-2 表

子目编码	子目名称	单位	暂定数量	单价(元)	合价(元)
002	计日工				
002-1	劳务				
002-1-1	班长	h			
002-1-2	普通工	h			
	……				
002-2	材料				
002-2-1	钢筋	kg			
002-2-2	水泥	kg			
	……				
002-3	施工机械				
002-3-1	装载机				
002-3-1-1	$1.5m^3$ 以下	h			
002-3-1-2	$1.5 \sim 2.5m^3$	h			
002-3-1-3	$2.5m^3$ 以上	h			
	……				
计日工合计：______元					

编制： 复核：

暂估价表

建设项目名称：　　　　　　　　　　　　　　　　合同段：

编制范围：　　　　　　　　　　　　　　　　第　页　共　页　　　　招清单 2-3 表

序　号	子目编码	子 目 名 称	单位	数量	单价(元)	合价(元)	备　注
003		暂估价					主要指由建设单位采购或承包人采购但无法确定价格的成品材料
003-1		材料					
		……		填表说明： 构成暂估价的具体材料、工程设备、专业工程的清单子目编码和名称宜采用与 100 ~ 1000 章相同的规则。			
		……					
003-2		工程设备					主要指招标图纸设计不明确，价格暂时无法确定，但项目实施中必需的设备
		……					
		……					
003-3		专业工程					指在招标阶段暂时难以确定设计方案和价格的工程
		……					
		……					
暂估价合计：＿＿＿＿＿元							

编制：　　　　　　　　　　　　　　　　　　　　复核：

分 项 清 单

建设项目名称：　　　　　　　　　　合同段：

编制范围：　　　　　　　　　　第　页　共　页　　　　**招清单3表**

工程或费用编码	清单子目编码	工程或费用名称（或清单子目名称）	单位	数量1	数量2	单价1（元）	单价2（元）	合价（元）	各项费用比例	备注
1		第一部分　建筑安装工程费	公路公里	5						
101		临时工程	公路公里	5						
10101		临时道路	km	2						
	103	临时工程与设施								
	103-1	临时道路								
	103-1-1	临时道路修建、养护与拆除	总额							
		新建便道	km	2						
		……								
102		路基工程	km	4.5						
10201		场地清理	km	4.5						
10202		清理与掘除	km/m²	4.5	81000					
		设置位置								K0 +000 ~ K4 +500
		设计图号								C-1-1
		……								
7		公路基本造价	公路公里	5						

填表说明：

本表为招标人发布的工程量清单，为标准费用项目、工程量清单子目、设计图纸工程量细目三级层次的清单。工程或费用编码、清单子目编码、名称、单位参见本指南附录B和《广东省执行交通运输部〈公路工程标准施工招标文件范本〉(2009年版)的补充规定》的相关规定，表中仅作部分示例。

编制：　　　　　　　　　　　　　　　　复核：

工程量清单(公路房建工程适用)

建设项目名称：

投标单位：

招清单 2-1-1 表(房)

900 章　管理、养护及服务房屋

子目编码	项目特征编码	子目名称	项目特征	单位	数量	单价(元)	合价(元)
901		土石方工程					
901-1	010101	平整场地					
901-1-1	010101001	平整场地	1. 土壤类别： 2. 工作内容：	m^2			
901-2	010101	土方开挖					
901-2-1	010101002	挖一般土方	1. 土壤类别： 2. 挖土方式：	m^3			
901-2-2	010101003、010101004	挖沟槽、基坑土方	1. 土壤类别： 2. 挖土方式：	m^3			
901-2-3	010101006	挖淤泥、流沙		m^3			
901-3	010102	石方开挖					
901-3-1	010102001	挖一般石方	1. 岩石类别： 2. 挖土方式：	m^3			
901-3-2	010102002、010102003	挖沟槽、基坑石方	1. 岩石类别： 2. 挖土方式：	m^3			
901-4	010103	回填					
901-4-1	010103001	回填土	1. 夯填方式： 2. 压实度：	m^3			
901-4-2	010103001	回填砂	1. 填方材料品种：	m^3			
清单　第 900 章　合计　人民币							

编制：　　　　　　　　　　复核：

标段划分情况表

建设项目名称：

招辅1表

序号	标段名称	标段类型	起迄桩号	工程规模（如路线长度）	招标范围及内容	招标方式	合同计价方式	招标时间	备注
		填表说明： 填列施工、监理、勘察设计以及其他主要工程内容。							

编制：　　　　　　　　　　复核：

5

招标清单预算文件
（适用于公路工程）

5.1 编制文件

×× 公路工程第 ×× 合同段

招标清单预算

招 标 人：　　　　（盖章）

编制时间：××××年××月××日

（封面）

××公路工程第××合同段

招标清单预算

招标人：（盖章）

编 制 人：　（签字并盖章）　　审 核 人：　（签字并盖章）

编制单位：　（盖章）　　审核单位：　（盖章）

编制时间：××××年××月××日　审核时间：××××年××月××日

（扉页）

目　录

主要技术经济指标汇总表

建设项目名称：

编制范围：　　　　　　　　　　　　第　页　共　页　　　　**招预总1表**

指标编码	指 标 名 称	单位	信息或工程量	费用(万元)	技术经济指标(单价)	各项费用比例(%)	备　注
Z-0	项目基本信息	公路公里		—	—	—	
Z-001	工程所在地	—		—	—	—	地级市行政地名
Z-002	地形类别	—		—	—	—	
Z-003	新建/改(扩)建	—		—	—	—	按立项确定的性质
Z-004	公路技术等级	—		—	—	—	
Z-005	设计速度	km/h		—	—	—	
Z-006	路面类型及结构层厚度	—		—	—	—	
Z-007	路基宽度	m		—	—	—	路基标准横断面宽度
Z-008	桥梁宽度	m		—	—	—	
Z-009	隧道净宽	m		—	—	—	
Z-010	路线长度	公路公里		—	—	—	
Z-011	桥梁长度	km		—	—	—	
Z-012	隧道长度	km		—	—	—	
Z-013	桥隧比例	%		—	—	—	
Z-014	互通式立体交叉数量	km/处		—	—	—	
Z-015	支线、联络线长度	km					
Z-016	辅道、连接线长度	km					
1	建筑安装工程费	公路公里					
101	临时工程	公路公里					
102	路基工程	km					
10202	路基挖方	m^3					

主要技术经济指标汇总表

建设项目名称：

编制范围：　　　　　　　　　　　　　　　　第　页　共　页　　　　　　　续上表

指标编码	指 标 名 称	单位	信息或工程量	费用(万元)	技术经济指标（单价）	各项费用比例（%）	备　注
10203	路基填方	m^3					
10205	特殊路基处理	km					
10206	排水工程	km					
10207	路基防护与加固工程	km					
103	路面工程	km					
10301	沥青混凝土路面	m^2					
10302	水泥混凝土路面	m^2					
104	桥梁涵洞工程	km					
10401	涵洞工程	m/道					
10402	小桥工程	m/座					
10403	中桥工程	m/座					
10404	大桥工程	m/座					
10405	特大桥工程	m/座					
105	隧道工程	km/座					
10501	连拱隧道	km/座					
10502	小净距隧道	km/座					
10503	分离式隧道	km/座					
10504	下沉式隧道	km/座					
10505	沉管隧道	km/座					
10506	盾构隧道	km/座					
10507	其他形式隧道	km/座					

主要技术经济指标汇总表

建设项目名称：

编制范围：　　　　　　　　第　页　共　页　　　　续上表

指标编码	指标名称	单位	信息或工程量	费用(万元)	技术经济指标(单价)	各项费用比例(%)	备注
106	交叉工程	处					
10601	平面交叉	处					
10602	通道	m/处					
10605	分离式立体交叉	km/处					
10606	互通式立体交叉	km/处					
10606-1	主线路基工程	km					
10606-2	主线路面工程	km					
10606-3	互通主线桥	m/座					
10606-4	匝道路基工程	km					
10606-5	匝道路面工程	km					
10606-6	匝道桥	m/座					
107	交通工程及沿线设施	公路公里					
10701	交通安全设施	公路公里					
10702	收费系统	车道/处					
10703	监控系统	公路公里					
10704	通信系统	公路公里					
10705	隧道机电工程	km/座					
10706	供电及照明系统	km					
10707	管理、养护、服务房建工程	m^2/处					
1070701	管理中心	m^2/处					
1070702	养护工区	m^2/处					

主要技术经济指标汇总表

建设项目名称：

编制范围：　　　　　　　　　　　　　　　　第　页　共　页　　　　　　续上表

指标编码	指 标 名 称	单位	信息或工程量	费用(万元)	技术经济指标（单价）	各项费用比例（%）	备　注
1070703	服务区	m^2/处					
1070704	停车区	m^2/处					
1070705	收费站	m^2/处					
1070706	收费天棚	m^2/车道					
108	绿化及环境保护工程	公路公里					
109	其他工程	公路公里					
10901	联络线、支线工程	km/处					
10902	连接线工程	km/处					
10903	辅道工程	km/处					
10904	改路工程	km/处					
10905	改河、改沟、改渠	m/处					
110	专项费用	万元					
2	土地使用及拆迁补偿费	公路公里					
201	土地使用费	亩					
203	其他补偿费	公路公里					
20101	永久征用土地	亩					
20102	临时用地	亩					
20103	水田占补平衡费	亩					
20104	耕地占补平衡费	亩					
202	拆迁补偿费	公路公里					
3	工程建设其他费	公路公里					

主要技术经济指标汇总表

建设项目名称：

编制范围：　　　　第　页　共　页　　　　续上表

指标编码	指标名称	单位	信息或工程量	费用(万元)	技术经济指标(单价)	各项费用比例(%)	备注
301	建设项目管理费	公路公里					
302	研究试验费	公路公里					
303	建设项目前期工作费	公路公里					
304	专项评价(估)费	公路公里					
307	工程保通管理费	公路公里					
4	预备费	公路公里					
6	建设期贷款利息	公路公里					
7	公路基本造价	公路公里					
Z-7	项目主材消耗						
Z-701	人工	工日					
Z-702	钢材	t					
Z-703	水泥	t					
Z-704	沥青	t					
Z-705	砂	m^3					
Z-706	石料	m^3					
Z-707	汽油	kg					
Z-708	柴油	kg					
Z-709	重油	kg					
Z-710	电	kW·h					

编制：　　　　复核：

标准费用项目前后阶段对比表

建设项目名称：　　　　　　　　　　　　　　　　　　第　页　共　页　　　　招预总 2 表

工程或费用编码	工程或费用名称	单位	清单预算			施工图预算			费用变化		备注
			数量	单价	金额	数量	单价	金额	金额	比例(%)	
1	2	3	4	5 = 6 ÷ 4	6	7	8 = 9 ÷ 7	9	10 = 6 − 9	11 = 10 ÷ 9	12

填表说明：

1. 本表反映一个建设项目的前后阶段各项费用组成。
2. 清单预算阶段数据从招预 3-1 表转入，施工图预算阶段数据从预总比 01 表转入。

编制：　　　　　　　　　　　　　　　　　　　　复核：

项目清单预算汇总表

建设项目名称：

编制范围：　　　　　　　　　　　　第　页　共　页　　　　招预总 3 表

工程或费用编码	清单子目编码	工程或费用名称（或清单子目名称）	单位	总数量	合同 1	合同 2		总金额（元）	技术经济指标	各项费用比例（%）	备注
					金额（元）	金额（元）	……				

填表说明：

1. 如果项目招标为分批次进行，则“建设项目名称”应反映批次情况，例如××工程（第 1 批）。
2. 一个建设项目分若干合同段编制预算时，应通过本表汇总全部建设项目预算金额。
3. 本表反映一个建设项目的各项费用组成、预算总值和技术经济指标。
4. 本表工程或费用编码、工程或费用名称、单位、总数量、预算金额应由各合同段项目清单预算表（招预 3-1 表）转来，部分、项、子项应保留，其他可视需要增减。
5. “技术经济指标”以各金额汇总合计除以相应总数量计算；“各项费用比例”以汇总的各项目公路工程造价除以公路基本造价合计计算。

编制：　　　　　　　　　　　　　　　　　　　　复核：

工程量清单预算汇总表-总表

建设项目名称：

编制范围：　　　　　　　　　　第　页　共　页　　　　**招预总 3-1 表**

序号	子目编码	子 目 名 称	金额(元)				各子目费用比例(%)	备注
			合同 1	合同 2	…	合计		
1	100 章	总则						
2	200 章	路基工程						
3	300 章	路面工程						
4	400 章	桥梁、涵洞工程						
5	500 章	隧道工程						
6	600 章	交通安全设施						
7	700 章	绿化及环境保护工程						
8	800 章	管理、养护设施						
9	900 章	管理、养护及服务房屋						
10	1000 章	其他工程						
	001	各章合计						
	002	计日工合计						
	003	已包含在各章合计中的材料、工程设备、专业工程暂估价合计						
	004	暂列金额						
	005	总价 005 = 001 + 002 + 004						

填表说明：

1. 如果项目招标为分批次进行，则“建设项目名称”应反映批次情况，例如××工程(第 1 批)。
2. 材料、工程设备、专业工程暂估价已包含在各章合计中，不应重复计入总价。

编制：　　　　　　　　　　复核：

工程量清单预算汇总表-一级子目清单表

建设项目名称：

编制范围：　　　　　　　　　　　　　　　　　　第　页　　共　页　　　　招预总 3-2 表

100 章　总　　则

清单子目编码	清单子目名称	单位	总数量	金额(元)				总金额（元）	各子目费用比例(%)	备注
				合同 1	合同 2	…				
100 章小计										

填表说明：

1. 本表仅示例了第 100 章填写样式，其他章节参照使用。
2. 如果项目招标为分批次进行，则“建设项目名称”应反映批次情况，例如××工程(第 1 批)。
3. 清单编码和子目名称以招标工程量清单为准(有工程量的清单才填，且需填其父项名称)。

编制：　　　　　　　　　　　　　　　　　　　　复核：

人工、材料、设备、机械的数量、单价汇总表

建设项目名称：　　　　　　　　　　　　　　　　　　　　第　页　共　页　　　　　　　　招预总 4 表

序号	编码	名　称	单位	单价（元）	总数量	编制范围								备注（规格）

编制：　　　　　　　　　　　　　　　　　　　　　　　　复核：

项目清单预算表

建设项目名称：　　　　　　　　　　　　合同段：

编制范围：　　　　　　　　　　　　第　页　共　页　　　　**招预 3-1 表**

工程或费用编码	清单子目编码	工程或费用名称（或清单子目名称）	单位	数量	单价（元）	合价（元）	各项费用比例（%）	备注

填表说明：

1. 如果项目招标为分批次进行，则“建设项目名称”应反映批次情况，例如××工程（第 1 批）。
2. 本表反映一个合同段的各项费用组成、预算金额、技术经济指标、各项费用比例等。
3. 本表“工程或费用编码”“工程或费用名称”“单位”等应按《广东省公路工程全过程造价管理标准项目表》中清单列的编号及内容填写。
4. “数量”“合价”由建筑安装工程费计算表（招预 5 表）、设备费计算表（招预 7 表）、专项费用计算表（招预 8 表）、土地使用及拆迁补偿费计算表（招预 9 表）、工程建设其他费计算表（招预 10 表）转来。
5. “技术经济指标”以各项目金额除以相应数量计算；“各项费用比例”以各项金额除以公路基本造价计算。

编制：　　　　　　　　　　　　　　　　复核：

工程量清单预算表-总表

建设项目名称：　　　　合同段：　　　　第　页　共　页　　　　招预 3-2 表

序　号	清单子目编码	清单子目名称	金额(元)
1	100	总则	
2	200	路基工程	
3	300	路面工程	
4	400	桥梁、涵洞工程	
5	500	隧道工程	
6	600	交通安全设施	
7	700	绿化及环境保护工程	
8	800	管理、养护设施	
9	900	管理、养护及服务房屋	
10	1000	其他工程	
	001	各章合计	
	002	计日工合计	
	003	已包含在各章合计中的材料、工程设备、专业工程暂估价合计	
	004	暂列金额	
	005	总价 005 = 001 + 002 + 004	
		填表说明： 材料、工程设备、专业工程暂估价已包含在各章合计中，不应重复计入总价	

编制：　　　　复核：

工程量清单预算表-一级子目清单表

建设项目名称：　　　　　　　　　　合同段：

编制范围：　　　　　　　　　　　　第　页　共　页　　　　**招预 3-3 表**

100 章　总　则

清单子目编码	清单子目名称	单　位	数　量	单价(元)	合价(元)
			填表说明： 本表仅示例了第 100 章填写样式，其他章节参照使用。		
100 章　小计					

编制：　　　　　　　　　　　　　　　　复核：

计 日 工 表

建设项目名称：　　　　　　　　　　合同段：

编制范围：　　　　　　　　　　第　页　共　页　　　　招预 3-4 表

子目编码	子目名称	单　位	暂定数量	单价(元)	合价(元)
002	计日工				
002-1	劳务				
002-1-1	班长	h			
002-1-2	普通工	h			
	……				
002-2	材料				
002-2-1	钢筋	kg			
002-2-2	水泥	kg			
	……				
002-3	施工机械				
002-3-1	装载机				
002-3-1-1	1.5m^3 以下	h			
002-3-1-2	1.5～2.5m^3	h			
002-3-1-3	2.5m^3 以上	h			
	……				
计日工合计：______元					

编制：　　　　　　　　　　复核：

暂估价表

建设项目名称：　　　　　　　　　　合 同 段：

编制范围：　　　　　　　　　　第　页　共　页　　　　招预 3-5 表

序　号	子目编码	子 目 名 称	单位	数量	单价(元)	合价(元)	备　注
003		暂估价					主要指由建设单位采购或承包人采购但无法确定价格的成品材料
003-1		材料					
		……					
		……					
003-2		工程设备	填表说明： 构成暂估价的具体材料、工程设备、专业工程的清单子目编码名称，宜采用与100～1000章相同的规则。				主要指招标图纸设计不明确，价格暂时无法确定，但项目实施中必需的设备
		……					
		……					
003-3		专业工程					指在招标阶段暂时难以确定设计方案和价格的工程
		……					
		……					
暂估价合计：＿＿＿＿元							

编制：　　　　　　　　　　　　　　　　复核：

人工、材料、设备、机械的数量、单价表

建设项目名称：

编制范围：　　　　　　　　　　　　　　　　　　　　招预 4 表

序号	编码	名　称	单位	单价（元）	总数量	分项统计						场外运输损耗		备注（规格）
												%	数量	

编制：　　　　　　　　　　　　　　　　　　　　复核：

建筑安装工程费计算表

建设项目名称： 合同段：

编制范围： 第 页 共 页 **招预5表**

序号	工程或费用编码	清单子目编码	工程或费用名称（或清单子目名称）	单位	工程量	定额直接费（元）	定额设备购置费（元）	直接费（元）				设备购置费	措施费	企业管理费	规费	利润（元）	税金（元）	金额合计（元）	
								人工费	材料费	施工机械使用费	合计					费率（%）	税率（%）	合计	单价
1	2	3	4	5	6	7	8	9	10	11	12	13	14	15	16	17	18	19	20
	110		专项费用																
	11001		施工场地建设费	元															
		104-1-1	承包人驻地建设	总额															
			……																
	11002		安全生产费	元															
		102-2	安全生产费	总额															
	111		其他建安费	项															
			……																
合计																			

填表说明：
1. 本表各栏数据由招预7表、招预8表、招预21-2表经计算转来。
2. “工程或费用编码”及“工程或费用名称”“单位”应按本指南附录B中清单列的编号及内容填写。

编制： 复核：

综合费率计算表

建设项目名称：　　　　　　　　　　　　　　　　合同段：

编制范围：　　　　　　　　　　　　　　　　　　　　第　页　共　页　　　　**招预6表**

序号	工程类别	措施费(%)											企业管理费(%)						规费(%)					
		冬季施工增加费	雨季施工增加费	夜间施工增加费	高原地区施工增加费	风沙地区施工增加费	沿海地区施工增加费	行车干扰施工增加费	施工辅助费	工地转移费	综合费率		基本费用	主副食运费补贴	职工探亲路费	职工取暖补贴	财务费用	综合费率	养老保险费	失业保险费	医疗保险费	工伤保险费	住房公积金	综合费率
											Ⅰ	Ⅱ												
1	2	3	4	5	6	7	8	9	10	11	12	13	14	15	16	17	18	19	20	21	22	23	24	25

填表说明：

本表应根据建设工程项目具体情况，按《公路工程建设项目概算预算编制办法》有关规定填入数据计算。

其中：12 =3 +4 +5 +6 +7 +8 +9 +11；13 =10；19 =14 +15 +16 +17 +18；25 =20 +21 +22 +23 +24。

编制：　　　　　　　　　　　　　　　　　　　　　　　　复核：

综合费计算表

建设项目名称：　　　　　　　　　　　　合同段：

编制范围：　　　　　　　　　　　　第　页　共　页　　　　招预 6-1 表

序号	工程名称	措施费											企业管理费						规费					
		冬季施工增加费	雨季施工增加费	夜间施工增加费	高原地区施工增加费	风沙地区施工增加费	沿海地区施工增加费	行车干扰施工增加费	施工辅助费	工地转移费	综合费用		基本费用	主副食运费补贴	职工探亲路费	职工取暖补贴	财务费用	综合费用	养老保险费	失业保险费	医疗保险费	工伤保险费	住房公积金	综合费用
											I	II												
1	2	3	4	5	6	7	8	9	10	11	12	13	14	15	16	17	18	19	20	21	22	23	24	25

填表说明：

本表应根据建设项目具体分项工程，按《公路工程建设项目概算预算编制办法》规定的计算方法分别计算各项费用。

其中：12 = 3 + 4 + 5 + 6 + 7 + 8 + 9 + 11；13 = 10；19 = 14 + 15 + 16 + 17 + 18；25 = 20 + 21 + 22 + 23 + 24。

编制：　　　　　　　　　　　　　　　　复核：

设 备 费 计 算 表

建设项目名称：　　　　合同段：

编制范围：　　　　第　页　共　页　　**招预 7 表**

序号	编码	设备名称	规格型号	单位	数量	基价	定额设备购置费(元)	单价(元)	设备购置费(元)	税金(元)	定额设备费(元)	设备费(元)
合计												

填表说明：

本表应根据具体的设备购置清单进行计算，包括设备规格、单位、数量、设备基价、定额设备购置费、设备预算单价、税金以及定额设备费和设备费。设备购置费不计取措施费及企业管理费。

编制：　　　　复核：

专项费用计算表

建设项目名称：　　　　　　　　　　　　合同段：

编制范围：　　　　　　　　　　　　第　页　共　页　　　　招预 8 表

序号	编码	工程或费用名称	说明及计算式	金额(元)	备　注
		填表说明： 本表应依据项目实际需要的专项费用项目填写，在说明及计算式栏内填写需要说明内容及计算式。			

编制：　　　　　　　　　　　　　　　　　　　　复核：

土地使用及拆迁补偿费计算表

建设项目名称：

编制范围：　　　　　　　　　　第　页　共　页　　　　招预 9 表

序号	编码	费 用 名 称	单　位	数　量	单价(元)	金额(元)	说明及计算式	备　注

填表说明：

本表按规定填写单位、数量、单价和金额；说明及计算式栏中应注明标准及计算式；子项下边有分项的，可以按顺序依次往下编码。

编制：　　　　　　　　　　　　　　复核：

土地使用费计算表

建设项目名称：　　　　行政区域名称：　　　　编制范围：　　　　第　页　共　页　　　　招预 9-1 表

序号	工程或费用编码	地类	面积	土地补偿和安置补助费	青苗补偿费	征地税费			被征地农民养老保险	留用地折算货币补偿			委托地方政府包干经费	其他	综合指标	费用
						耕地占用税	耕地开垦费	森林植被恢复费		留用地面积比例	工业用地基准价	留用地费		……		
			（亩）	（万元/亩）	（万元/亩）	（万元/亩）	（万元/亩）	（万元/亩）	（万元/亩）	（%）	（元/m^2）	（万元/亩）	（万元/亩）	（万元/亩）	（万元/亩）	（万元）
1	2	3	4	5	6	7	8	9	10	11	12	13 = 11 × 12 × 666.67 ÷ 10000	14	15	16 = 5 + 6 + 7 + 8 + 9 + 10 + 13 + 14 + 15	17 = 4 × 6
1	201	土地使用费														
2	20101	永久征用土地														
3	2010101	耕地														
3.1	201010101	水田														
3.2	201010102	水浇地														
3.3	201010103	旱地														
4	2010102	园地														
5	2010103	林地														
6	2010104	草地														
7	2010105	湿地														
8	2010106	农业设施建设用地														
9	2010107	居住用地														
10	2010108	商业服务业用地														
		……														
合计																

填表说明：

本表适用于永久征用土地使用费的计算，地类划分与实际分项不同时可根据《国土空间调查、规划、用途管制用地用海分类指南（试行）》（自然资办发〔2020〕51 号）进行调整或细化，表内各项费用计列的依据文件及备注如下：

1. 征地补偿费（土地补偿和安置补助费）：……
2. 青苗补偿费：……
3. 耕地占用税：……
4. 耕地开垦费：……
5. 森林植被恢复费：……
6. 被征地农民养老保险：……
7. 留用地折算货币补偿：……
8. 委托地方政府包干经费：……
9. 其他：……

编制：　　　　　　　　　　复核：

工程建设其他费计算表

建设项目名称：　　　　　　　　　　合同段：

编制范围：　　　　　　　　　　第　页　共　页　　　　招预 10 表

序号	编码	费用名称及项目	说明及计算式	金额(元)	备　注

填表说明：

本表应按项目实际需要的其他费用项目填写，需要说明和具体计算的费用项目依次相应在说明及计算式栏内填写或具体计算。

编制：　　　　　　　　　　　　　　　　复核：

分项工程预算计算数据表

建设项目名称： 合同段：

编制范围： 标准定额库版本号： 校验码： 第 页 共 页 招预 21-1 表

工程或费用编码/清单编码/定额代号/工料机代号	项目、定额或工料机的名称	单位	数量	输入单价	输入金额	分项组价类型或定额子目取费类别	定额调整情况或分项算式

填表说明：

1. 本表应逐行从左到右横向跨栏填写。
2. “工程或费用编码”“定额代号”“工料机代号”等应根据实际需要按《广东省公路工程全过程造价管理标准费用项目表》及现行《公路工程预算定额》(JTGT 383/2)的相关内容填写。
3. 本表主要是为利用计算机软件编制预算提供分项组价基础数据，列明工程项目全部计算分项的组价参数；分项组价类型包括：输入单价、输入金额、算式列表、费用列表和定额组价五类；定额调整情况分配合比调整、钢筋调整、抽换、乘系数、综合调整等，非标准补充定额列出其工料机及其消耗量；具体填表规则由软件用户手册详细制定。
4. 标准定额库版本号由公路工程造价依据信息平台和最新的标准定额库一起发布，造价软件接收后直接输出。
5. 校验码对由定额库版本号加密生成，由公路工程造价依据信息平台与定额库版本号同时发布，造价软件直接输出。为便于校验，造价软件可按条形码形式输出。

编制： 复核：

分项工程预算表

编制范围：　　　　　　　　　　　　　　合同段：

清单编码：　　清单名称：　　单位：　　数量：　　单价：　　第　页　共　页　　**招预 21-2 表**

代号	工程项目													合计	
	工程细目														
	定额单位														
	工程数量														
	定额表号														
	工、料、机名称		单位	单价(元)	定额	数量	金额(元)	定额	数量	金额(元)	定额	数量	金额(元)	数量	金额(元)
1	人工		工日												
2	……														
	直接费		元												
	措施费	Ⅰ	元			%			%			%			
		Ⅱ	元			%			%			%			
	企业管理费		元			%			%			%			
	规费		元			%			%			%			
	利润		元			%			%			%			
	税金		元			%			%			%			
	金额合计		元												

填表说明：

1. 本表按具体分项工程项目数量、对应预算定额子目填写，单价由招预 4 表转来，金额 = ∑工、料、机各项的单价 × 定额 × 数量。
2. 措施费、企业管理费按相应项目的定额人工费与定额施工机械使用费之和或定额直接费 × 规定费率计算。
3. 规费按相应项目的人工费 × 规定费率计算。
4. 利润按相应项目的（定额直接费 + 措施费 + 企业管理费） × 利润率计算。
5. 税金按相应项目的（直接费 + 措施费 + 企业管理费 + 规费 + 利润） × 税率计算。
6. 措施费、企业管理费、规费、利润、税金对应定额列填入相应的计算基数，数量列填入相应的费率。

编制：　　　　　　　　　　　　　　　　复核：

材料预算单价计算表

建设项目名称：　　　　　　　　合同段：
编制范围：　　　　　　　　第　页　共　页　　　　招预 22 表

代号	规格名称	单位	原价（元）	运杂费					原价运费合计（元）	场外运输损耗		采购及保管费		预算单价（元）
				供应地点	运输方式比重及运距	毛质量系数或单位毛质量	运杂费构成说明或计算式	单位运费（元）		费率（%）	金额（元）	费率（%）	金额（元）	

填表说明：

1. 本表计算各种材料自供应地点或料场至工地的全部运杂费与材料原价及其他费用组成预算单价。
2. 运输方式按火车、汽车、船舶等及所占运输比重填写。
3. 毛质量系数、场外运输损耗、采购及保管费按规定填写。
4. 根据材料供应地点、运输方式、运输单价、毛质量系数等，通过运杂费构成说明或计算式，计算得出材料单位运费。
5. 材料原价与单位运费、场外运输损耗、采购及保管费组成材料预算单价。

编制：　　　　　　　　　　　　　　　　　　复核：

自采材料料场价格计算表

编制范围：　　　　合同段：

自采材料名称：　　　　单位：　　　　数量：　　　　料场价格：　　　　第　页　共　页　　　　**招预 23-1 表**

代号	工程项目													合　计	
	工程细目														
	定额单位														
	工程数量														
	定额表号														
	工、料、机名称	单位	单价(元)	定额	数量	金额(元)	定额	数量	金额(元)	定额	数量	金额(元)	数量	金额(元)
	直接费	元													
	辅助生产间接费	元			%			%			%				
	高原取费	元			%			%			%				
金额合计		元													

填表说明：

1. 本表主要用于分析计算自采材料料场价格，应将选用的定额人工、材料、施工机械台班数量全部列出，包括相应的工、料、机单价。
2. 材料规格用途相同而生产方式（如人工捶碎石、机械轧碎石）不同时，应分别计算单价，再以各种生产方式所占比重根据合计价格加权平均计算料场价格。
3. 定额中施工机械台班有调整系数时，应在本表内计算。
4. 辅助生产间接费、高原取费对应定额列填入相应的计算基数，数量列填入相应的费率。

编制：　　　　复核：

材料自办运输单位运费计算表

编制范围：　　　　　　　　合同段：

自采材料名称：　　　单位：　　　数量：　　　单位运费：　　　第　页　共　页　　　招预 23-2 表

代号	工程项目												合计	
	工程细目													
	定额单位													
	工程数量													
	定额表号													
	工、料、机名称	单位	单价(元)	定额	数量	金额(元)	定额	数量	金额(元)	定额	数量	金额(元)	数量	金额(元)
	直接费	元												
	辅助生产间接费	元			%			%			%			
	高原取费	元			%			%			%			
金额合计		元												

填表说明：

1. 本表主要用于分析计算材料自办运输单位运费，应将选用的定额人工、材料、施工机械台班数量全部列出，包括相应的工、料、机单价。
2. 材料运输地点或运输方式不同时，应分别计算单价，再按所占比重加权平均计算材料运输价格。
3. 定额中施工机械台班有调整系数时，应在本表内计算。
4. 辅助生产间接费、高原取费对应定额列填入相应的计算基数，数量列填入相应的费率。

编制：　　　　　　　　　　　　复核：

施工机械台班单价计算表

建设项目名称：　　　　　　　　　　　　合同段：

编制范围：　　　　　　　　　　　　第　页　共　页　　　　招预 24 表

序号	代号	规格名称	台班单价(元)	不变费用(元)		可变费用(元)																	
				调整系数：		人工：		汽油：		柴油：		重油：		煤：		电：		水：		木柴：		车船税	合计
						(元/工日)		(元/kg)		(元/kg)		(元/kg)		(元/t)		[元/(kW·h)]		(元/m^3)		(元/kg)			
				定额	调整值	定额	金额	定额	金额	定额	金额	定额	金额	定额	金额	定额	金额	定额	金额	定额	金额		

填表说明：

1. 本表应根据现行《公路工程机械台班费用定额》(JTG/T 3833)进行计算。不变费用如有调整系数应填入调整值；可变费用各栏填入定额数量。
2. 人工、动力燃料的单价由材料预算单价计算表(招预 22 表)转来。

编制：　　　　　　　　　　　　　　　　复核：

辅助生产人工、材料、施工机械台班单位数量表

建设项目名称：　　　　　　　　　　　　合同段：

编制范围：　　　　　　　　　　　　第　页　共　页　　　　招预 25 表

序号	规格名称	单位	人工(工日)						

填表说明：

本表各栏数据由自采材料料场价格计算表(招预 23-1 表)和材料自办运输单位运费计算表(招预 23-2 表)统计而来。

编制：　　　　　　　　　　　　　　　　复核：

标段划分情况表

建设项目名称：　　　　　　　　　　　　　　　　　　　　　　　　**招辅 1 表**

序号	标段名称	标段类别	起讫桩号	工程规模（如路线长度）	工程范围及内容	备　注

编制：　　　　　　　　　　　　　　　　　　　　　　　　复核：

本阶段造价执行情况表

建设项目名称：　　　　　　　　　　　　　　　　第　页　共　页　　　　招辅 2 表

工程或费用编码	工程或费用名称	单位	清单预算		对应本次概算拆分		费用变化		项目至本次累计		项目批复概算		备注
			数量	金额	数量	金额	金额	比例(%)	预算金额	概算金额	数量	金额	
1	2	3	4	5	6	7	8 = 5 − 7	9 = 8 ÷ 7	10	11	12	13	14
101	临时工程												
102	路基工程												
103	路面工程												
104	桥梁涵洞工程												
105	隧道工程												
106	交叉工程												
107	交通工程及沿线设施												
108	绿化及环境保护工程												
109	其他工程												
110	专项费用												

填表说明：

1. 本表反映一个建设项目的前后阶段各项费用组成。
2. 本阶段和上阶段费用分别从招预总 3 表和概总 01 表转入。

编制：　　　　　　　　　　　　　　　　　　　　复核：

标段划分与批复概算对应关系表

建设项目名称：

招辅 2-1 表

工程或费用编码	工程或费用名称	批复概算(万元)	已招标建安工程(万元)		本次招标建安工程(万元)		剩余建安工程对应的概算(万元)	备注
			对应概算累计	清单预算累计	对应概算	清单预算		
1	第一部分 建筑安装工程费							
101	临时工程							
102	路基工程							
103	路面工程							
104	桥梁涵洞工程							
105	隧道工程							
106	交叉工程							
107	交通工程及沿线设施							
108	绿化及环境保护工程							
109	其他工程							
110	专项费用							
合计								

编制：　　　　复核：

主要技术标准及工程规模统计表

建设项目名称：　　　　　　　　　　　　　　　　　　　　招辅 03 表

序号	名称		单位	信息或工程量				
一	项目基本信息		公路公里					
1	工程所在地							
2	地形类别							
3	新建/改(扩)建							
4	公路技术等级		级					
5	设计速度		km/h					
6	路面类型及结构层厚度(水泥/沥青)		cm					
7	路基宽度		m					
8	路线长度		公路公里					
9	桥梁长度		km					
10	隧道长度		km					
11	桥隧比例		%					
12	互通式立体交叉数量		km/处					
13	支线、联络线长度		km					
14	辅道、连接线长度		km					
二	标段名称			××标	××标	××标	××标	合计
	标段类别			路基标	桥涵标	隧道标	……	
1	起讫桩号							
2	路线长度(km)							
3	桥隧比(%)							
4	路基工程	路基长度	km					
5		路基宽度	m					

主要技术标准及工程规模统计表

建设项目名称：　　　　　　　　　　　　　　　　　　　　续上表

序号	名称		单位	信息或工程量				
二	标段名称			××标	××标	××标	××标	合计
	标段类别			路基标	桥涵标	隧道标	……	
6	路基工程	路基挖方	m^3					
7		路基填方	m^3		填表说明： 1. 路基挖方包括路基挖土石方、非适用材料及淤泥的开挖等。路基填方包括路基土石方填筑、结构物台背回填等。 2. 桥隧比 = 主线桥隧长度/主线长度（含互通主线）。			
8		排水圬工	m^3					
9		防护圬工	m^3					
10		特殊路基处理	km					
11	路面工程	水泥混凝土路面	m^2					
12		沥青混凝土路面	m^2					
13	桥涵工程	涵洞	m/座					
14		中小桥	m/座					
15		大桥	m/座					
16		特大桥	m/座					
17	隧道工程	小净距隧道	km/座					
18		分离式隧道	km/座					
19		连拱隧道	km/座					
20		其他隧道	km/座					
21	交叉工程	平面交叉	处					
22		通道	m/处					
23		人行天桥	m/座					
24		渡槽	m/处					
25		分离式立交	km/处					

主要技术标准及工程规模统计表

建设项目名称：

续上表

序号	名称				单位	信息或工程量				
二	标段名称					××标	××标	××标	××标	合计
	标段类别					路基标	桥涵标	隧道标	……	
26	交叉工程	互通立交	处数		处					
27			主线	主线长度	km					
28				路基挖方	m^3					
29				路基填方	m^3					
30				排水圬工	m^3					
31				防护圬工	m^3					
32				特殊路基处理	km					
33				水泥混凝土路面	m^2					
34				沥青混凝土路面	m^2					
35				涵洞	m/座					
36				通道	m/处					
37				中小桥	m/座					
38				大桥	m/座					
39				特大桥	m/座					
40			匝道	匝道长度	km					
41				路基挖方	m^3					
42				路基填方	m^3					
43				排水圬工	m^3					
44				防护圬工	m^3					
45				特殊路基处理	km					
46				水泥混凝土路面	m^2					

主要技术标准及工程规模统计表

建设项目名称：　　　　　　　　　　　　　　　　　　　　　　　　　　　　续上表

序号	名称				单位	信息或工程量				
二	标段名称					××标	××标	××标	××标	合计
	标段类别					路基标	桥涵标	隧道标	……	
47	交叉工程	互通立交	匝道	沥青混凝土路面	m^2					
48				涵洞	m/座					
49				通道	m/处					
50				中小桥	m/座					
51				大桥	m/座					
52				特大桥	m/座					
53	交通工程	交通安全设施			公路公里					
54		机电设备及安装工程			公路公里					
55		管理养护服务房屋工程	管理中心		处/m^2					
56			养护工区		处/m^2					
57			服务区		处/m^2					
58			停车区		处/m^2					
59			收费站		处/m^2					
60			……							
61			合计		m^2					
62		绿化及环境保护工程			公路公里					
63	其他工程	联络线、支线工程			km/处					
64		连接线工程			km/处					
65		辅道工程			km/处					
	……									

编制：　　　　　　　　　　　　　　　　　　　　　　　　　　　　复核：

5.2 审核文件

××公路工程第××合同段

招标清单预算审核文件

审核单位：　　　　　（盖章）

审核时间：××××年××月××日

（封面）

××公路工程第××合同段

招标清单预算审核文件

审核人：(签字并盖章)　　审核单位：　　(盖章)

复核人：(签字并盖章)　　审核时间：××××年××月××日

(扉页)

目　录

××公路××段招标清单预算
审核意见

××（单位）编制的××公路××段第×标及××公司编制的第××、××标共××个标段招标清单预算已提交。

20××年××月，省交通运输厅以《关于××公路××初步设计的批复》（粤交基〔20××〕××号）批复初步设计，路线全长约××km，采用公路技术标准建设，设计速度××km/h、××km/h（K××～K××段），路基宽××m、××m（K××～K××段），桥涵与路基同宽；批复概算为××万元（含建设期贷款利息××万元），其中对应本次招标工程的建安费用为××万元。

本项目施工图设计批复概算××万元（粤交基〔20××〕××号），其中对应本次招标工程的批复预算建安费为××万元。

根据公路工程造价管理的有关规定及本次招标工程范围及工程特点，我司提出清单预算审核意见如下：

一、招标工程基本情况

××公路××段起点位于××市××镇××村……。

本次招标范围为……。各标段划分及主要工程内容见表1。

标 段 划 分 表1

标段名称	起 讫 桩 号	里程（km）	主要工程内容	标段类别
×标	K××+××～K××+××	……	主线：涵洞××m/××道，通道桥××m/××座，中小桥××m/××座，大桥××m/××座；分离立交××m/××处（桥××m/××座），服务设施匝道及场区工程××处	A类路基标
×标	K××+××～K××+××	……	……	C类隧道标
×标	K××+××～K××+××	……	……	A类路基标

二、技术标准及工程规模（适用于路基桥梁隧道标段）

（一）技术标准

采用××公路技术标准，主要技术指标如下：

1. 设计速度：××km/h，××km/h（K××～K××段）。
2. 桥涵设计汽车荷载等级：公路—×级。
3. 设计洪水频率：特大桥××/××，其余桥涵、路基××/××。
4. 路基宽度：路基宽××m、××m（K××～K××段）。

5. 桥涵宽度：××。

6. 地震动峰值加速度：××。

（二）工程规模

本次招标范围路线全长××km，设置主线桥梁××m/××座（含互通主线桥），其中特大桥××m/××座……；主线涵洞××m/××道（含互通主线涵洞）；隧道××m/××座（双洞平均计）；……。

三、审核依据

（1）交通运输部《公路工程基本建设项目概算预算编制办法》（JTG 3830—2018）、《公路工程预算定额》（JTG/T 3832—2018）、《公路工程概算定额》（JTG/T 3831—2018）、《公路工程机械台班费用定额》（JTG/T 3833—2018）、《交通运输部办公厅关于印发〈公路工程营业税改征增值税计价依据调整方案〉的通知》（交办公路〔2016〕66 号）、《交通运输部关于调整〈公路工程建设项目投资估算编制办法〉（JTG 3820—2018）和〈公路建设建设项目概算预算编制办法〉（JTG 3830—2018）中“税金”有关规定的公告》（交通运输部 2019 年第 26 号公告）。

（2）广东省交通运输厅《关于〈公路工程建设项目投资估算编制办法〉〈公路基本建设工程概算预算编制办法〉及配套指标定额补充规定的通知》（粤交基〔2019〕544 号）、《广东省交通运输厅关于调整公路工程人工工日单价的通知》（粤交基〔2022〕67 号）、《广东省交通运输厅关于印发〈营业税改增值税我省公路养护工程造价计价依据调整补充方案〉的通知》（粤交基〔2016〕562 号）。

（3）《广东省执行交通运输部〈公路工程标准施工招标文件〉（2009 年版）的补充规定》（粤交基〔2010〕355 号）、《广东省公路工程造价标准化管理指南》（粤交基〔2022〕483 号）。

（4）××公司提供的施工图设计及勘误、招标文件、招标补遗文件、工程量清单及××的招标核备意见（编号××）等有关资料。

四、审核意见

清单预算按照《广东省公路工程造价标准化管理指南》附录 B 和《广东省执行交通运输部〈公路工程标准施工招标文件〉（2009 年版）的补充规定》（粤交基〔2010〕355 号）格式计价，质量较好，基本按现行《公路工程基本建设项目概算预算编制办法》进行计价，但部分材料价格、费率取值不当，部分项目定额套用不合理，部分费用计算有误等，审核予以调整。具体意见如下：

（一）清单预算工程数量

根据施工图设计文件及勘误，核查了工程量清单数量，并反馈给业主予以修正。审核以招标文件的最终工程量清单为准，按施工图各分部工程量进行调整。

（二）人工、材料单价及费率标准

（1）人工费：根据粤交基〔20××〕××号文，人工及机械工工日单价取定为××元/工日。

（2）材料单价：主要材料单价参照当期广东省交通建设工程材料价格信息、业主的调查反馈意见以及当地市场价取定，按招标文件要求，主要材料价格如下：光圆钢筋××元/t、带肋钢筋××元/t、钢绞线××元/t、32.5级水泥××元/t、42.5级水泥××元/t、52.5级水泥××元/t、汽油××元/kg、柴油××元/kg。（根据招标工程类别，列出本次招标工程采用的主要材料价格）

（3）机械费：机械台班单价按部颁规定及粤交基〔20××〕××号文计算。

（4）其他直接费及间接费费率：按《广东省交通运输厅关于〈公路工程建设项目投资估算编制办法〉〈公路工程建设项目概算预算编制办法〉及配套指标定额补充规定的通知》（粤交基函〔2019〕544号）的规定计取。工地转移费按××km计算；主副食运距补贴综合里程统一按××km计算。

（三）有关问题及说明

（1）编制预算中主要问题有：未计列预备费；路基开挖软石、填软石套用定额不合理，……审核予以调整。

（2）根据实际施工需要及工期考虑，结合项目业主提供的实地调查资料，以及《广东省高速公路建设标准化管理规定（试行）》的相关规定，审核预算计列了临时便道、临时便桥、临时电力、电信设施、拌和设施安拆及场地处理等标准化建设费用。

（3）按招标文件要求，审核预算计列了工程保险费、安全生产经费、临时用地费等100章费用。

（4）按招标文件要求，审核预算按建安费的××%计列了暂列金额。

（四）审核结论

××公路××段第××、第××、第××标编制清单预算总金额为××元，核增费用××元，核定预算总金额为××元。具体情况如下表：

××公路××段第××、第××、第××标招标清单预算审核情况汇总表 单位：元

标段名称	编制清单预算		审核调整（审核－编制）		审核清单预算		增（+）减（－）%（审核－编制）/编制	
	总价	建安费	总价	建安费	总价	建安费	总价	建安费
	1	2	3=5－1	4=6－2	5	6	7	8
××标								
××标								
××标								
合计								

五、造价对比情况

××公路××段初步设计的批复概算为××万元（含建设期贷款利息××万元），其中建安费××万元，对应本次招标范围相应的建安费用约为××万元。审核核定本次招标工程预算建安费用为××万元，同比初步设计批准概算的相应建安费用减少（或增加）约××万元，减（增）幅约××%，主要原因是××。

对比批复的施工图预算建安费××万元，增加××万元，增幅××%，主要原因是××。

六、其他

……

附件：1. 对比分析情况汇总表

2. 项目清单预算审核对比表

3. 工程量清单审核对比表

××公司（盖章）

二〇××年××月××日

对比分析情况汇总表

建设项目名称： 编制范围： 招预审1表

一、建安工程费

1. 造价对比情况

编制建安费用××万元；审核建安费用为××万元，审核增加（或减少）费用××万元，约为编制建安费用的××%。

2. 人工材料单价及费率的影响

套用编制预算材料单价和费率后，审核建安费用为××万元，对比编制预算建安费增加（或减少）约××万元，占审核增加（或减少）费用的××%。

3. 其他影响

在相同人工、材料单价、费率下，编制预算建安费为××万元，审核预算建安费为××万元，审核增加（或减少）费用××万元，主要为：

（1）定额工程量错误导致的费用增加（或减少）

（2）定额调整差异导致的费用增加（或减少）

（3）其他

二、其他费用

编制： 复核：

项目清单预算审核对比表

建设项目名称：

编制范围：

招预审 2 表

工程或费用编码	清单子目编码	工程或费用名称（或清单子目名称）	单位	编制			增减			审核		
				数量	金额	技术经济指标	数量	金额	技术经济指标	数量	金额	技术经济指标

填表说明：

一个建设项目分若干标段编制清单预算时，应分别编制汇总和单标段项目清单预算审核对比表。

编制：　　　　　　　　　　复核：

工程量清单审核对比表

建设项目名称：

编制范围：

招预审 2-1 表

清单子目编码	清单子目名称	单位	× ×工程（编制）			增　减			××工程（审核）	
			数量	金额	单价	数量	金额	数量	金额	单价

填表说明：

一个建设项目分若干标段编制清单预算时，应分别编制汇总和单标段工程量清单审核对比表。

编制：　　　　复核：

6

招标清单预算文件
（适用于公路房建工程）

6.1 编制文件

××公路附属房建工程第××合同段

招标清单预算

招 标 人：　　　　　（盖章）

编制时间：××××年××月××日

（封面）

××公路附属房建工程第××合同段

招标清单预算

招标人：（盖章）

编 制 人：　（签字并盖章）　　审 核 人：　（签字并盖章）

编制单位：　（盖章）　　审核单位：　（盖章）

编制时间：××××年××月××日　审核时间：××××年××月××日

（扉页）

目　　录

公路房建工程量清单预算编制说明

××房建工程第××合同段

一、编制依据

二、工料机单价

三、取费标准

四、补充定额及定额特殊调整情况

五、工程建设其他费用计算说明

六、预算编制情况

标　段	总价（元）	建安费（元）	备　注
合计			

编制：　　　　　　　　　　　　　　　　　　复核：

标准费用项目前后阶段对比表

建设项目名称：　　　　　　　　　　　　第　页　共　页　　　　**招预总 2 表**

工程或费用编码	工程或费用名称	单位	本阶段施工图预算			上阶段设计（批复）概算			费用变化		备注
			数量	单价	金额	数量	单价	金额	金额	比例（%）	
1	2	3	4	5 = 6 ÷ 4	6	7	8 = 9 ÷ 7	9	10 = 6 − 9	11 = 10 ÷ 9	12

填表说明：
1. 本表反映一个建设项目的前后阶段各项费用组成。
2. 清单预算阶段数据从招预 3-1 表转入，施工图预算阶段数据从预总比 01 表转入。

编制：　　　　　　　　　　　　　　　　复核：

项目清单预算汇总表

建设项目名称：

编制范围：　　　　　　　　　　　　　　　　第　页　共　页　　　　招预总 3 表

工程或费用编码	清单子目编码	工程或费用名称（或清单子目名称）	单位	总数量	合同 1	合同 2		总金额(元)	技术经济指标	各项费用比例(%)	备注
					金额(元)	金额(元)	……				

填表说明：

1. 如果项目招标为分批次进行，则“建设项目名称”应反映批次情况，例如 × × × 工程(第 1 批)。
2. 一个建设项目分若干合同段编制预算时，应通过本表汇总全部建设项目预算金额。
3. 本表反映一个建设项目的各项费用组成、预算总值和技术经济指标。
4. 本表工程或费用编码、工程或费用名称、单位、总数量、预算金额应由各合同段项目清单预算表(招预 3-1 表)转来，部分、项、子项应保留，其他可视需要增减。
5. “技术经济指标”以各金额汇总合计除以相应总数量计算；“各项费用比例”以汇总的各项目公路工程造价除以公路基本造价合计计算。

编制：　　　　　　　　　　　　　　　　　　复核：

人工、材料、设备、机械的数量、单价汇总表

编制范围：　　　　　　　　　　　　　　　　　　　　　　　　　　　　招预总 4 表（房）

序号	名称及规格	规格型号	单位	数量	预算单价（元）	备注
一	人工					
1	普工		工日			
	……					
二	建筑装饰材料					
1	圆钢	ϕ10 以内	t	填表说明：本表预算单价用于统计房建工程的主要材料数量及预算单价。		
2	螺纹钢	ϕ10～25	t			
3	水泥	P. O 32.5	t			
4	中砂		m^3			
5	耐磨梯级挡板砖	600mm×150mm	m^2			
6	耐磨梯级砖	600mm×280mm	m^2			
7	耐磨梯级砖	600mm×300mm	m^2			
8	耐磨砖	300mm×300mm	m^2			
9	耐磨砖	600mm×600mm	m^2			
10	抛光梯级挡板砖	300mm×150mm	m^2			
	……					
三	安装材料					
1	衬塑钢管	DN100	m			
2	衬塑钢管	DN15	m			
3	衬塑钢管	DN150	m			
	……					
四	设备					
1	水泵		台			

填表说明：

本表预算单价用于统计房建工程的主要材料数量及预算单价。

人工、材料、设备、机械的数量、单价汇总表

编制范围：

续上表

序号	名称及规格	规格型号	单　位	数　量	预算单价(元)	备　注
	……					
五	机械					
	……		台班			

编制：　　　　复核：

项目清单预算表

建设项目名称：　　　　　　　　合同段：

编制范围：　　　　　　　　第　页　共　页　　　　招预 3-1 表

工程或费用编码	清单子目编码	工程或费用名称（或清单子目名称）	单位	数量	单价（元）	合价（元）	各项费用比例（%）	备　注

填表说明：

1. 如果项目招标为分批次进行，则“建设项目名称”应反映批次情况，例如××工程（第1批）。
2. 本表反映一个合同段的各项费用组成、预算金额、技术经济指标、各项费用比例等。
3. “工程或费用编码”“工程或费用名称”“单位”等应按《广东省公路工程全过程造价管理标准项目表》中清单列的编号及内容填写。
4. “单价”以各项合价除以相应数量计算；“各项费用比例”以各项合价除以公路基本造价计算。

编制：　　　　　　　　复核：

工程量清单预算表-总表

建设项目名称：　　合同段：　　第　页　共　页　　招预 3-2 表

序　号	清单子目编码	清单子目名称	金额(元)
1	100	总则	
2	200	路基工程	
3	300	路面工程	
4	400	桥梁、涵洞工程	
5	500	隧道工程	
6	600	交通安全设施	
7	700	绿化及环境保护工程	
8	800	管理、养护设施	
9	900	管理、养护及服务房屋	
10	1000	其他工程	
	001	各章合计	
	002	计日工合计	
	003	已包含在各章合计中的材料、工程设备、专业工程暂估价合计	
	004	暂列金额	
	005	总价 005 = 001 + 002 + 004	
		填表说明： 材料、工程设备、专业工程暂估价已包含在各章合计中，不应重复计入总价	

编制：　　复核：

工程量清单预算表(公路房建工程适用)

建设项目名称：　　　　　　　　合同段：

编制范围：　　　　　　　　第　页　共　页　　　　招预 3-3 表(房)

900 章　管理、养护及服务房屋

清单子目编码	项目特征编码	子 目 名 称	单位	数量	单价(元)	合价(元)
901	土石方工程					
901-1	010101001	平整场地				
901-1-1		平整场地	m^2			
901-2	010101	土方开挖				
901-2-1	010101002	挖一般土方	m^3			
901-2-2	010101003、010101004	挖沟槽、基坑土方	m^3			
901-2-3	010101006	挖淤泥、流沙	m^3			
		……				
900 章　小计						

编制：　　　　　　　　　　　　　　　　复核：

人工、材料、设备、机械的数量、单价表

编制范围：　　　　　　　　合同段：　　　　　　　　招预 4 表(房)

序号	名称及规格	规 格 型 号	单位	数量	预算单价(元)	备注
一	人工					
1	普工		工日			
	……					
二	建筑装饰材料					
1	圆钢	ϕ10 以内	t			
2	螺纹钢	ϕ10 ~ 25	t			
3	水泥	P. O 32. 5	t			
4	中砂		m^3	填表说明： 本表预算单价用于统计房建工程的主要材料数量及预算单价。		
5	耐磨梯级挡板砖	600mm × 150mm	m^2			
6	耐磨梯级砖	600mm × 280mm	m^2			
7	耐磨梯级砖	600mm × 300mm	m^2			
8	耐磨砖	300mm × 300mm	m^2			
9	耐磨砖	600mm × 600mm	m^2			
10	抛光梯级挡板砖	300mm × 150mm	m^2			
	……					
三	安装材料					
1	衬塑钢管	DN100	m			
2	衬塑钢管	DN15	m			
3	衬塑钢管	DN150	m			
	……					
四	设备					
1	水泵		台			

人工、材料、设备、机械的数量、单价表

编制范围：　　　　　　　　　　合同段：　　　　　　　　　　续上表

序号	名称及规格	规 格 型 号	单位	数量	预算单价(元)	备注
	……					
五	机械					
	……		台班			

编制：　　　　　　　　　　复核：

公路房建工程工程量清单与计价表

编制范围：　　　　　　　　　　　　　　合同段：

分部分项工程名称：（××收费站××楼）　　　　　　第　页　共　页　　　　**招预 5-1 表(房)**

序号	清单子目编码	项目编码	子目名称	项目特征描述	单位	工程量	金额(元)	
							单价	合价
						填表说明： 本表仅适用于房建工程。		
本页小计								
合计								

编制：　　　　　　　　　　　　　　　　　　　　复核：

公路房建工程综合单价分析表

编制范围：　　　　　　　　　　合同段：

分部分项工程名称：（××收费站××楼）　　　　第　页　共　页　　　　招预 5-2 表（房）

序号	清单子目编码	项目编码	子目名称	项目特征	金额（元）					综合单价（元）
					人工费	材料费	机械使用费	管理费	利润	

填表说明：

本表仅适用于房建工程。

编制：　　　　　　　　　　复核：

标段划分情况表

建设项目名称：

招辅1表

序号	标段名称	标段类别	起讫桩号	工程规模（如路线长度）	工程范围及内容	备　注

编制：　　　　　　　　复核：

本阶段造价执行情况表

建设项目名称：　　　　　　　　　　第　页　共　页　　　　**招辅 2 表**

工程或费用编码	工程或费用名称	单位	清单预算		对应本次概算		费用变化		项目至本次累计		项目批复概算		备注
			数量	金额	数量	金额	金额	比例（%）	预算金额	概算金额	数量	金额	
1	2	3	4	5	6	7	8 = 5 − 7	9 = 8 ÷ 7	10	11	12	13	14
101	临时工程												
102	路基工程												
103	路面工程												
104	桥梁涵洞工程												
105	隧道工程												
106	交叉工程												
107	交通工程及沿线设施												
108	绿化及环境保护工程												
109	其他工程												
110	专项费用												

填表说明：
1. 本表反映一个建设项目的前后阶段各项费用组成。
2. 本阶段和上阶段数据分别从招预总 3 表和概总 01 表转入。

编制：　　　　　　　　　　　　　　　　复核：

标段划分与批复概算对应关系表

建设项目名称：　　　　　　　　　　　　　　　　　　　　　　　　**招辅 2-2 表**

工程或费用编码	工程或费用名称	批复概算（万元）	已招标建安工程(万元)		本次招标建安工程(万元)		剩余建安工程对应的概算（万元）	备注
			对应概算累计	清单预算累计	对应概算	清单预算		
1	第一部分　建筑安装工程费							
101	临时工程							
102	路基工程							
103	路面工程							
104	桥梁涵洞工程							
105	隧道工程							
106	交叉工程							
107	交通工程及沿线设施							
108	绿化及环境保护工程							
109	其他工程							
110	专项费用							
合计								

编制：　　　　　　　　　　　　　　　　　　　　　　　　复核：

房建工程规模统计表

建设项目名称：　　　　　　　　　　　　　　　　招辅3表(房)

名　称	单位	××标						××标			合计	备注
		收费站	××管理中心	养护工区	服务区	停车区	隧道管养房屋	收费站	××管理中心	……		
总用地面积	亩											
建筑物占地面积	m^2											
道路、广场、停车场面积	m^2											
运动场面积	m^2											
连接通道道路面积	m^2											
绿化面积	m^2											
加油站占地面积	m^2											
植草砖面积	m^2											
广场砖铺地面积	m^2											
通透围墙	m											
围墙	m											
房屋总建筑面积	m^2											
其中： (1)办公综合楼	m^2											
(2)收费人员宿舍楼	m^2											
(3)管理人员宿舍楼	m^2											
(4)养护综合楼	m^2											
(5)水泵房	m^2											
(6)配电房	m^2											
(7)污水处理	t/h											
(8)门卫房	m^2											
1.2m宽碎石小道	m											

编制：　　　　　　　　　　　　　　　　复核：

6.2 审核文件

××公路房建工程第××合同段

招标清单预算审核文件

审核单位：　　　　　（盖章）

审核时间：××××年××月××日

（封面）

××公路房建工程第××合同段

招标清单预算审核文件

审核人：(签字并盖章)　　审核单位：　　(盖章)

复核人：(签字并盖章)　　审核时间：××××年××月××日

(扉页)

目　录

××公路××段附属区房建工程
招标清单预算审核意见

对××（单位）编制的××公路××段附属区房建工程第×标的施工招标清单预算进行了审核。

××年××月，××批复该项目初步设计（××〔20××〕××号）。批准路线全长××km，批复初步设计概算为××万元，批准全线管理、养护及服务房屋建筑面积××m^2，占地×× 亩，其中设管理中心××处、养护工区××处、服务区××处、收费站××处，对应设计概算费用为××万元。

本项目施工图设计批复概算为××万元（粤交基〔20××〕××号），其中对应本次招标工程的批复预算建安费为××万元。

根据交通运输部、省交通运输厅及省住房和城乡建设厅有关造价管理的规定，结合本次招标工程范围及工程特点，我司提出清单预算审核意见如下：

一、招标工程基本情况

本次招标管理、养护及服务设施房屋工程施工图设计建筑总面积××m^2（不含收费雨棚），占地约××亩。其中：

（一）××标

（1）收费站房××处，建筑面积××m^2。

（2）管理中心×× 处，建筑面积××m^2，占地面积××亩。

（3）养护工区××处，建筑面积××m^2，占地面积××亩。

（4）服务区××处，建筑面积××m^2，占地面积××亩。

（5）隧道配电房××处，建筑面积××m^2。

（6）收费雨棚××处，建筑面积××m^2。

（7）收费岛××处，单向收费岛××条，双向收费岛××条，ETC 收费岛××条。

……

二、工程设计方案及工程数量

（一）××管理中心

建筑物包括办公楼××栋、宿舍楼××栋，食堂××栋，水泵房××栋、配电房××栋、门岗××栋、气瓶间××栋。房建主体为钢筋混凝土框架结构，××～××层，独立基础。墙体采用加气混凝土砌块及灰砂砖，外墙采用外墙面砖，楼地面采用抛光砖和防滑砖，屋面采用聚氨酯防水涂料和红英瓦屋面。

（二）××养护工区

建筑物包括养护楼××栋。房建主体为××结构，××层，桩基础，墙体采用加气混凝土砌块和灰砂砖，外墙采用外墙面砖，地面采用防滑砖，屋面采用防水卷材。

（三）收费站

共××处，建筑物包括收费站房××栋。房建主体为××结构，××层，独立基础。墙体采用加气混凝土砌块和灰砂砖，外墙采用外墙面砖，地面采用抛光砖和防滑砖，屋面采用防水卷材。

（四）××服务区

建筑物包括服务楼××栋、宿舍楼××栋、水泵房××栋、配电房××栋。房建主体为××结构，××~××层，桩基础。墙体采用加气混凝土砌块和灰砂砖，外墙采用外墙面砖，地面采用抛光砖及防滑砖，屋面采用防水卷材。

（五）收费天棚

共××处，主体采用××结构，独立基础，墙柱面刷彩色涂料，天棚底刷乳胶漆。

（六）隧道配电房

共××处，建筑物包括配电及监控房××栋。房建主体为××结构，××层，独立基础。墙体采用加气混凝土砌块和灰砂砖，外墙采用外墙面砖，地面采用防滑砖，屋面采用防水卷材。

……

三、审核依据

（1）《广东省建设工程计价依据（2018年）》，《广东省房屋建筑与装饰工程综合定额（2018年）》，《广东省通用安装工程综合定额（2018年）》，《广东省市政工程综合定额（2018年）》，《广东省园林绿化工程综合定额（2018年）》，《广东省建设工程施工机具台班费用编制规则（2018）》。

（2）《关于〈公路工程建设项目投资估算编制办法〉〈公路基本建设工程概算预算编制办法〉及配套指标定额补充规定的通知》（粤交基〔2019〕544号）。

（3）××公司提供的施工图设计及勘误、招标文件、招标补遗文件、工程量清单及××的招标核备意见（编号××）等有关资料。

（4）××公司的委托书。

（说明：如有涉及场外工程需要采用公路工程计价规则，应补充相关审核依据，详见“关于××公路××段招标清单预算的审核意见”）

四、审核意见

经审核，送审清单预算编制基本符合《建设工程工程量清单计价规范》（GB 50500—2013）的规定，但存在工程漏项、部分定额套用不合理、部分材料价格欠合理等问题，具体意见如下：

（一）清单预算工程量

根据施工图设计文件及勘误，核查了工程量清单数量，并反馈给业主予以修正。审核以招标文件的最终工程量清单为准，按设计各单项工程进行调整。

（二）人工、材料及费率标准

1. 人工、材料价格

参照××年××月××市建设工程造价信息价格及当地市场价确定，人工及主要材料单价核定如下：人工费系数为××，钢筋××元/t，32.5R 水泥××元/t，42.5R 水泥××元/t，中粗砂××元/m^3，碎石××～××元/m^3；装饰材料中，××mm×××mm 抛光砖××元/m^2，××mm×××mm 抛光砖××元/m^2，花岗岩石板材××元/m^2……

2. 审核费率计取说明

（1）利润按人工费的××%计取。

（2）文明工地增加费以××级计算，按分部分项工程费的××%计取。

（3）预算包干费按分部分项工程费的××%计取。

（4）暂列金额按总价的××%计取。

……

（三）有关问题及说明

（1）其他项目中，预算包干费按直接费的1%计算。

（2）其他项目中，取消工程优质费。

（3）根据招标文件约定，按建安费的1%计列安全生产经费，建筑工程一切险和第三者责任保险费已计入工程管理费中，不单独计列。

（4）污水处理设备、××大小会议室、大堂、多功能餐厅二次装修等费用按清单暂定金额计列。

（5）送审清单预算中漏算、套用定额有误部分，审查予以调整。

（四）审核结论

经审核，××公路××段附属区房建工程送审清单预算为××万元，核减费用××元，核定该工程清单预算为××万元，其中××标清单预算为××万元，××标清单预算为××万元（详见附件）。

五、造价分析及对比

（一）招标合理性分析

……

（二）与批复概算、预算对比及分析

……

六、其他

……

附件：1. 对比分析情况汇总表

2. 项目清单预算审核对比表
3. 主要材料设备对比表

××公司（盖章）
××××年××月××日

对比分析情况汇总表

建设项目名称：　　　　编制范围：　　　　招预审1表

一、建安工程费

1. 造价对比情况

编制建安费用××万元（未含临时用地及建安其他费用××万元，临时用地××万元）；审核建安费用为××万元（未含临时用地××万元），审核增加（或减少）费用××万元，约为编制建安费用的××%。

2. 人工材料单价及费率的影响

套用编制概算材料单价和费率后，审核建安费用为××万元，对比编制概算建安费增加（或减少）约××万元，占审核增加（或减少）费用的××%。

3. 其他影响

在相同人工、材料单价、费率下，编制概算建安费为××万元，审核概算建安费为××万元，审核增加（或减少）费用××万元，主要为：

（1）定额工程量错误导致的费用增加（或减少）

（2）定额调整差异导致的费用增加（或减少）

（3）其他

二、其他费用

编制：　　　　复核：

项目清单预算审核对比表

建设项目名称：

编制范围：

招预审 2 表

工程或费用编码	清单子目编码	工程或费用名称（或清单子目名称）	单位	编制			增减			审核		
				数量	金额	技术经济指标	数量	金额	技术经济指标	数量	金额	技术经济指标

填表说明：

一个建设项目若干标段编制清单预算时，应分别编制汇总和单标段预算审核对比表。

编制：　　复核：

主要材料设备对比表

建设项目名称：　　　　合同段：

编制范围：　　　　招预审 2-1 表(房)

编号	名　　称	规格	单位	编　　制			审　　核			审核－编制			数量变化影响＝数量差×送审单价	单价变化影响＝单价差×审查数量
				数量	单价	总价	数量	单价	总价	数量	单价	总价	总价	总价
	合计													
1	综合工日		工日											
2	复合普通硅酸卦盐水泥	P. O 32. 5	kg											

编制：　　　　复核：